Steuerwissenschaftliche Schriften

Herausgegeben von

Prof. Dr. Ekkehart Reimer, Universität Heidelberg
Prof. Dr. Christian Waldhoff, Universität Bonn

Band 3

Prof. Dr. Clemens Fuest/Andreas Peichl/Thilo Schaefer

Aufkommens-, Beschäftigungs- und Wachstumswirkungen einer Steuerreform nach dem Vorschlag von Mitschke

Gutachten im Auftrag der Humanistischen Stiftung, Frankfurt am Main

Nomos   C.H.Beck

Die Deutsche Bibliothek verzeichnet diese Publikation in
der Deutschen Nationalbibliografie; detaillierte bibliografische
Daten sind im Internet über http://dnb.ddb.de abrufbar.

ISBN 13:   978- 3-8329-2436-2
ISBN 10:   3-8329-2436-1

1. Auflage 2007
© Nomos Verlagsgesellschaft, Baden-Baden 2007. Printed in Germany. Alle Rechte,
auch die des Nachdrucks von Auszügen, der fotomechanischen Wiedergabe und der
Übersetzung, vorbehalten. Gedruckt auf alterungsbeständigem Papier.

Inhaltsverzeichnis

Tabellenverzeichnis 7
Abbildungsverzeichnis 8

1 Einleitung 9

2 Kurzfassung 11
2.1 Zusammenfassung 11
2.2 Gegenstand der Studie 12
2.3 Berechnung der Aufkommenswirkungen 12
    2.3.1 Steueraufkommen des geltenden Steuersystems 13
    2.3.2 Steueraufkommen Mitschke Einführungsphase 14
    2.3.3 Steueraufkommen Mitschke Endphase 16
2.4 Beschäftigungs- und Wachstumswirkungen 17

3 Berechnung der Aufkommenswirkungen des Mitschke-
Konzepts mit FiFoSiM 18
3.1 Grundlagen 18
    3.1.1 Mikrosimulation 18
    3.1.2 Datenbasis 20
    3.1.3 Modelaufbau FiFoSiM 24
3.2 Modellierung des geltenden Steuerrechts 26
    3.2.1 Ermittlung der Einkünfte innerhalb jeder Einkunftsart . 27
    3.2.2 Ermittlung des zu versteuernden Einkommens 31
    3.2.3 Ermittlung der festzusetzenden Einkommensteuer 35
3.3 Modellaufbau Mitschke-Konzept 37
    3.3.1 Ermittlung der Einkünfte innerhalb jeder Einkunftsart . 40
    3.3.3 Ermittlung der Einkommensteuer gemäß Mitschke-
            Konzept 47

3.4	Modellierung staatliches Transfersystem		47
	3.4.1	Arbeitslosengeld I	48
	3.4.2	Arbeitslosengeld II	49
	3.4.3	Sozialhilfe	51
	3.4.4	Wohngeld	51
4.	Simulation der Arbeitsangebotswirkungen		53
4.1	Das Arbeitsangebotsmodell von Van Soest (1995)		53
	4.1.1	Das diskrete Entscheidungsproblem	53
	4.1.3	Das diskrete Auswahlmodell	57
	4.1.4	Die Heckman-Selektions-Korrektur	60
	4.1.5	Schätzung der Koeffizienten	64
4.2	Das Arbeitsangebotsmodul von FiFoSiM		65
	4.2.1	Datenbasis und Selektion	65
	4.2.2	Berechnung des Nettohaushaltseinkommens	67
5.	Simulation der Beschäftigungs- und Wachstumswirkungen		69
5.1	Numerische Allgemeine Gleichgewichtsmodelle		69
	5.1.1	Prinzipielle Vorgehensweise	70
	5.1.2	Grundstruktur	71
	5.1.3	Modellimplementierung	73
	5.1.4	Datenbasis	77
5.2	CGE-Modul in FiFoSiM		81
6.	Ergebnisse		83
6.1	Steueraufkommenswirkungen		83
6.2	Arbeitsangebotseffekte		85
6.3	Beschäftigungs- und Wachstumswirkungen		86
6.4	Zusammenfassung der Ergebnisse		87
Literaturverzeichnis			91

Tabellenverzeichnis

Tabelle 1:	Schema zur Ermittlung der Einkommensteuer Status Quo	26
Tabelle 2:	Schema zur Ermittlung der Einkommensteuer Mitschke-Konzept	38
Tabelle 3:	Wegfall von Steuervergünstigungen in Mrd. €	40
Tabelle 4:	Dauer des Anspruchs auf Arbeitslosengeld I in Monaten	48
Tabelle 5:	Eckregelsätze der laufenden Hilfe zum Lebensunterhalt in €	50
Tabelle 6:	Regressoren der Heckman-Gleichungen	64
Tabelle 7:	Haushaltstypen und Schätzungsstichprobe	66
Tabelle 8:	Komponenten des Nettohaushaltseinkommens in FiFoSiM	67
Tabelle 9:	Input-Output-Tabelle 2000 zu Herstellungspreisen in Mrd. €	78
Tabelle 10:	Aufbau einer Social Accounting Matrix	80
Tabelle 11:	Aufkommenswirkungen ohne Anpassungsreaktionen in Mrd. €	84
Tabelle 12:	Arbeitsangebotseffekte Einführungsphase	85
Tabelle 13:	Arbeitsangebotseffekte Endphase	86
Tabelle 15:	Ergebnisüberblick	88

Abbildungsverzeichnis

Abbildung 1: Grundkonzept der Mikrosimulation 20

Abbildung 2: Modellaufbau FiFoSiM 25

Abbildung 3: Differenz der Bemessungsgrundlagen zwischen S-Base (Mitschke-Modell) und bestehendem System (Deutschland 1972-2001) 41

Abbildung 4: Selektions-Bias 61

Abbildung 5: Vorgehensweise CGE-Analyse 70

Abbildung 6: Grundstruktur eines Gleichgewichtsmodells 72

Abbildung 7: Produktionsstruktur 74

Abbildung 8: Nutzenbaum des repräsentativen Haushalts 75

1 Einleitung

Ein hohes Beschäftigungsniveau gehört zu den wichtigsten wirtschaftspolitischen Zielsetzungen. Gleichwohl leiden viele der großen kontinentaleuropäischen Volkswirtschaften und insbesondere Deutschland seit mehr als drei Jahrzehnten unter steigender Massenarbeitslosigkeit. Unzulänglichkeiten des Steuer- und Transfersystem werden hierbei neben Rigiditäten des Arbeitsmarktes als Hauptursachen für die hohe Arbeitslosigkeit gesehen. Aus diesem Grund werden in Deutschland neben arbeitsmarktpolitischen Maßnahmen immer wieder auch finanzpolitische Instrumente zur Reform des komplexen Steuer- und Transfersystems mit dem Ziel der Steigerung von Beschäftigung und Wirtschaftswachstum vorgeschlagen.

Zu diesen Vorschlägen gehört auch der »Frankfurter Entwurf« von Joachim Mitschke[1] zur Reform des deutschen Einkommensteuerrechts, der das Ziel der Förderung der Beschäftigung und des Wirtschaftswachstums unter den Nebenbedingungen der Aufkommensneutralität, der Praktikabilität sowie der Transparenz verfolgt. Dieses Konzept basiert auf der Grundidee einer konsumorientierten Cash-Flow-Besteuerung, nach der nur das für den Konsum verwendete Einkommen besteuert werden soll. Einkommen, welches in Unternehmen verbleibt bzw. dort investiert wird, soll steuerfrei bleiben, um so die Investitionen der Unternehmen und dadurch die Beschäftigung zu erhöhen. Joachim Mitschke unterteilt seinen Reformvorschlag in zwei Phasen: In der Einführungsphase erfolgt die Umstellung der Einkünfteermittlung auf sein Konzept zunächst nur für einen Teil der Einkunftsarten, während dieses dann in der Endphase auf alle Einkunftsarten angewendet wird[2].

Das vorliegende Gutachten untersucht die Steueraufkommens-, Beschäftigungs- und Wachstumswirkungen der Reform des Ertragsteuersystems des Mitschke-Vorschlag. Grundlage der Analyse ist das Steuer-Transfer-Simulationsmodell FiFoSiM des Finanzwissenschaftlichen Forschungsinstituts an der Universität zu Köln (FiFo)[3].

Die inhaltliche Abfolge dieses Gutachtens gliedert sich wie folgt: Kapitel 2 enthält eine Kurzfassung des Gutachtens inklusive der wichtigsten Ergeb-

---

1 Vgl. Mitschke (2004).
2 Mitschke (2004) präsentiert darüber hinaus mit dem Bürgergeld im Sinne einer negativen Einkommensteuer noch einen Vorschlag für eine Integration des Sozialtransfersystems in das Einkommensteuergesetz, welcher jedoch im Rahmen dieses Gutachtens nicht näher betrachtet wird.
3 Einen Überblick über die theoretische Analyse der Auswirkungen von Steuerreformen auf die Beschäftigung findet man bei Fuest (2000). Peichl (2005) gibt eine Einführung in die Simulationsanalyse als Methode zur Evaluierung von Steuerreformen.

nisse. In Kapitel 3 wird das Steuer- und Transfer-Mikrosimulationsmodul von FiFoSiM beschrieben. Kapitel 4 enthält eine Beschreibung des in FiFoSiM verwendeten Arbeitsangebotsmodells, während in Kapitel 5 das CGE-Modul zur Analyse der Beschäftigungs- und Wachstumswirkungen erläutert wird. Das letzte Kapitel 6 präsentiert die Ergebnisse.

2 Kurzfassung

In diesem Kapitel werden die Vorgehensweise des Gutachtens kurz zusammengefasst und die wichtigsten Ergebnisse der Analyse präsentiert.

2.1 Zusammenfassung

Das vorliegende Gutachten untersucht die Auswirkungen einer Neuordnung des Ertragsteuersystems nach dem Vorschlag von Joachim Mitschke[4] auf das Steueraufkommen, die Beschäftigung und das Wirtschaftswachstum. Grundlage der Analyse ist das Steuer-Transfer-Simulationsmodell FiFoSiM des Finanzwissenschaftlichen Forschungsinstituts an der Universität zu Köln (FiFo). Der Steuerreformvorschlag von Joachim Mitschke unterscheidet zwischen einer Einführungsphase und einer Endphase. Für beide Phasen werden die langfristigen Aufkommens- und Beschäftigungs- und Wachstumswirkungen untersucht. Die Aufkommenswirkungen werden zunächst unter der Annahme untersucht, dass es keine Anpassungsreaktionen der Wirtschaftssubjekte gibt. In einem zweiten Schritt werden diese Anpassungsreaktionen, vor allem die Auswirkungen auf Beschäftigung und Gesamtproduktion untersucht. Die Analyse hat zu folgenden Ergebnissen[5] geführt:

1. **Aufkommenswirkungen:** Der Übergang vom bestehenden Steuersystem zur Neuordnung in der Variante der Einführungsphase würde zu Steuerausfällen in Höhe von **2 Mrd. €** führen, wäre also annähernd aufkommensneutral[6]. Beim Übergang zur Endphase würde gegenüber dem bestehenden Steuersystem ein Steueraufkommensverlust von **13 Mrd. €** auftreten.

2. **Beschäftigungs- und Wachstumswirkungen:** Die Steuerreform würde in der Einführungsphase die Beschäftigung um 370.000 Vollzeitarbeits-

---

4 Vgl. Mitschke (2004).
5 Bei der Interpretation dieser Ergebnisse ist zu beachten, dass sie in einem Modell unter der Verwendung vereinfachender Annahmen berechnet werden. Weiterhin ist zu berücksichtigen, dass Prognosen der Zukunft auf Basis von Vergangenheitsdaten immer mit Unsicherheit behaftet sind. Daher sollten die hier beschriebenen Effekte des Steuerreformvorschlags nicht als Punktprognosen sondern als Hinweise aus zu erwartende Größenordnungen aufgefasst werden.
6 Hierbei ist zu beachten, dass sich die von uns berechneten Ergebnisse auf die veranlagte Einkommensteuer und nicht auf die unmittelbare Kassenwirkung beziehen.

plätze steigern. Es wäre mit einer Steigerung des Bruttosozialprodukts um 1,1% zu rechnen. In der Endphase ergibt sich ein Anstieg der Beschäftigung um 540.000 Arbeitsplätze. Das Bruttosozialprodukt würde um 1,7 % ansteigen.

2.2 Gegenstand der Studie

Das vorliegende Gutachten untersucht die Auswirkungen einer Neuordnung des Ertragsteuersystems nach dem Vorschlag von Joachim Mitschke auf das Steueraufkommen, die Beschäftigung und das Wirtschaftswachstum. Das Konzept von Joachim Mitschke zur Neuordnung des Steuersystems sieht zwei Reformphasen vor. Zunächst eine Einführungsphase, in der einige Elemente des bestehenden Steuersystems zunächst erhalten bleiben. Nach einer Übergangszeit ist aber vorgesehen, das Steuerkonzept in einer Endphase vollständig umzusetzen. Beide Varianten werden in dieser Studie untersucht. Dabei beinhaltet die Analyse zwei Schritte. Im ersten Schritt wird unter der Annahme eines gegebenen Verhaltens der privaten Haushalte und der Unternehmen untersucht, wie die Reformen sich auf das Steueraufkommen auswirken. Im zweiten Schritt werden die zu erwartenden Anpassungsreaktionen der Wirtschaftssubjekte untersucht. Dabei stehen die Beschäftigungswirkungen im Mittelpunkt des Interesses.

2.3 Berechnung der Aufkommenswirkungen

In diesem Abschnitt wird die Vorgehensweise bei der Berechung der Steueraufkommenswirkungen ohne Verhaltensanpassungen skizziert. Grundlage der Berechnung des Einkommensteueraufkommens verschiedener Steuerkonzepte ist eine 10%-Stichprobe der Lohn- und Einkommensteuerstatistik von 1998, die vom Forschungsdatenzentrum des Statistischen Bundesamts als faktisch anonymisiertes Scientific Use File zur Verfügung gestellt wird. Für insgesamt fast 3 Millionen Fälle finden sich darin detaillierte Angaben zu einer Vielzahl einkommensteuerrelevanter und personenbezogener Merkmale. Die Anonymität der Daten wird durch Mittelwert- und Klassenbildung sowie Dummy-Variablen gewährleistet[7]. Außerdem enthält jeder Datensatz einen Repräsentationsfaktor, der angibt, wie häufig der jeweilige Fall in der Grundgesamtheit auftritt. Dadurch ist von einer hohen Repräsentativität auszugehen, denn die Berechnungen für jeden Einzelfall können gewichtet zu Gesamtergebnissen für die Gesamtheit der deutschen Einkommensteuerfälle addiert werden.

7 Vgl. Vorgrimler und Zwick (2004).

2.3 Berechnung der Aufkommenswirkungen

Die zweite wichtige Datenbasis für unsere Analyse ist das Sozioökonomische Panel (SOEP), eine seit 1984 laufende repräsentative Wiederholungsbefragung privater Haushalte in Deutschland. Im Erhebungsjahr 2003 umfasste die Befragung jeweils über 12.000 Haushalte mit mehr als 30.000 Personen. Aufgrund des Panelcharakters des SOEP sind sowohl Längsschnitt- als auch Querschnittsanalysen politischer und gesellschaftlicher Veränderungen möglich.

Eine Besonderheit von FiFoSiM ist die simultane Verwendung beider Datenquellen. Dadurch können fehlende Werte oder Variablen in einer Datenquelle durch Informationen aus der anderen Datenquelle ergänzt werden.

2.3.1 Steueraufkommen des geltenden Steuersystems

Um zunächst eine Vergleichsbasis zur Berechnung des Aufkommens von Einkommensteuerreformmodellen zu erhalten, sind die Daten auf das Jahr 2006 hochzurechnen und den seit 1998 bzw. 2003 vollzogenen Steuerrechtsänderungen anzupassen. Das Alter der vorliegenden Daten macht es zudem notwendig, Niveau- und Struktureffekte der Einkünfteentwicklung zu berücksichtigen. Einerseits ist das Einkommensniveau insgesamt gestiegen (nominal und real), andererseits hat sich die Zahl der Einkommensbezieher verändert, und das nicht nur in der Gesamtzahl, sondern auch in der Verteilung auf die einzelnen Einkunftsarten. Durch eine Strukturfortschreibung der Stichprobe lassen sich diese Änderungen abschätzen[8].

Berücksichtigt wurden die zentralen Änderungen des Steuerrechts seit 1998 wie die Anpassung von Pausch- und Freibeträgen, Änderungen bei den Steuerabzugsmöglichkeiten im Rahmen der Wohnbauförderung und natürlich die Anpassungen beim Steuertarif. Unter anderem sind dies:

- Änderung des Arbeitnehmer-Pauschbetrags von 2000 DM auf 920 €
- Änderung der Kilometerpauschale von 0,70 DM auf 0,30 €
- Änderung des Sparerfreibetrags von 6000 DM auf 1370 €
- Abschaffung des Baukindergeldes (§ 34f EStG)
- Abschaffung der Förderung selbstgenutzten Wohneigentums (§ 10e EStG)
- Einkommensteuertarif 2005 mit Spitzensteuersatz 42%
- Kindergeld und -freibeträge mit geänderten Sätzen

Mit Hilfe des Statistikprogramms Stata kann nun für jeden Fall der Stichproben die individuelle Einkommensteuerschuld berechnet werden, indem aus den verschiedenen Einkunftsarten unter Berücksichtigung von Freibe-

---

8 Vgl. Quinke (2001).

trägen und Anrechnungspauschalen der Gesamtbetrag der Einkünfte gebildet wird, von diesem Sonderausgaben, Abzugsbeträge für außergewöhnliche Belastungen und sonstige Privataufwendungen abgezogen werden und auf das daraus resultierende zu versteuernde Einkommen schließlich der Einkommensteuertarif angewendet wird. Da die Daten aus der Einkommensteuerstatistik die notwendigen Merkmale enthalten, können auch Progressionsvorbehalte und Steuersonderberechnungen in die Ermittlung der individuellen Einkommensteuer einfließen. Die Prüfung auf weitere Steuerermäßigungstatbestände und die mögliche Hinzurechnung von bereits ausgezahltem Kindergeld bei Inanspruchnahme von Kinderfreibeträgen führt zur festzusetzenden Einkommensteuer für jeden Datensatz[9]. Diese Ergebnisse werden nun mit dem oben beschriebenen Repräsentationsfaktor multipliziert und anschließend zum Gesamtaufkommen addiert.

Im Ergebnis kommt die Aufkommensberechnung unter Berücksichtigung der genannten Änderungen für 2006 auf 181,16 Mrd. € und liegt damit gerade einmal 0,10 Mrd. unter der Prognose des Arbeitskreises Steuerschätzungen für 2006[10].

2.3.2 Steueraufkommen Mitschke Einführungsphase

Auch für die Aufkommensberechnung des Mitschke-Ansatzes ist zunächst die Hochrechnung auf das Niveau von 2006 notwendig. Dazu werden die gleichen Hochrechnungsfaktoren und Strukturverschiebungen wie im Fall der Aufkommenssimulation des bestehenden Steuersystems verwendet, um die Vergleichbarkeit mit dem aktuellen Steueraufkommen zu gewährleisten. Zur Ermittlung der Einkünfte aus den verschiedenen Einkunftsarten wird für die Einführungsphase in einem ersten Schritt die Beibehaltung der bisherigen und aktuell gültigen Einkünfteermittlung angenommen, um die Daten bestmöglich ausnutzen und vergleichen zu können. Die vorgesehenen Änderungen bei Werbungskosten- und Fahrtkostenpauschalen werden allerdings ebenso berücksichtigt wie der bei Mitschke vorgesehene Wegfall des Sparerfreibetrags sowie die veränderte Besteuerung der Renten[11]. Darüber hinaus wird der Wegfall zahlreicher Ausnahmebestände wie u.a. die Steuerfreiheit der Zuschläge für Nacht- und Feiertagsarbeit (§ 3b EStG), die Steuerfreiheit von Einnahmen aus nebenberuflichen Tätigkeiten gemäß § 3

---

9 Dieses Vorgehen orientiert sich so genau wie aufgrund der Datenlage möglich am Schema zur Ermittlung der Einkommensteuer, wie es in der Einkommensteuerrichtlinie (EStR), R 3 festgelegt ist.

10 Vgl. Ergebnis der 125. Sitzung des Arbeitskreises Steuerschätzungen vom 10. bis 12. Mai 2005. Die Anrechnung der Gewerbesteuer gemäß §35 EStG ist dabei noch nicht berücksichtigt.

11 Grundlage dieser Annahmen ist Mitschke (2004), Kapitel D: Die Neuordnung in der Einführungsphase.

2.3 Berechnung der Aufkommenswirkungen

Nr. 26 EStG und der Abzug für doppelte Haushaltsführung (§ 9 Abs. 1 Nr. 5 EStG) in einer Gesamthöhe von 20,6 Mrd. € der Bemessungsgrundlage hinzugerechnet[12]. Dies führt insgesamt zu einem Ansteigen des aggregierten Gesamtbetrags der Einkünfte in der Einführungsphase im Vergleich zur Einkünfteermittlung gemäß gültigem Einkommensteuergesetz[13].

Soweit dies aus den vorliegenden Daten möglich ist, werden die bei Mitschke vorgesehenen Privatabzüge mit zum Teil geänderten Pauschbeträgen angesetzt, im einzelnen sind dies Vorsorgeaufwendungen, besondere Privataufwendungen inklusive Spenden, Aufwendungen bei außergewöhnlicher Belastung, Kinder-, sowie Grundfreibeträge (§§ 22-26 des Mitschke-Entwurfs für die Einführungsphase). Geht aus den Daten von 1998 hervor, dass Pauschbeträge angesetzt wurden, werden in diesen Fällen die geänderten Pauschbeträge eingerechnet; konnten höhere Aufwendungen geltend gemacht werden, gehen diese multipliziert mit dem Fortschreibungsfaktor in die Berechnung ein. Dabei müssen einige Hilfskonstruktionen verwendet werden wie z.B. der Rückschluss von den im Jahr 1998 gewährten Pauschbeträgen auf den Grad der Behinderung und die Zuordnung auf die neu gebildeten Pauschbeträge bei Mitschke.

Schließlich wird auf das zu versteuernde Einkommen der von Mitschke für die Einführungsphase vorgesehene dreistufige Tarif (15% / 22% / 30%) sowie das System der Familienbesteuerung mit anteiligen Splittingfaktoren auch für Kinder (§ 28) angewendet. Auf die sich ergebende tarifliche Einkommensteuer wird wie zuvor bereits ausgezahltes Kindergeld (unter Berücksichtigung der geänderten Sätze) bei Inanspruchnahme von Kinderfreibeträgen hinzugerechnet.

Von dieser Basis ausgehend ist zusätzlich zu berücksichtigen, dass im Steuersystem von Mitschke die Einkunftsermittlung im Bereich der Unternehmensbesteuerung gemäß § 6 Abs. 2 a EStG-Neuordnung erfolgt. Außerdem bleibt die Gewerbesteuer zwar in ihrer derzeitigen Form erhalten, die pauschale Anrechnung gemäß § 35 EStG entfällt allerdings. Die vorgesehene Besteuerung von Einkünften aus Gewerbebetrieb entspricht einem Übergang zu einer Cash-Flow-Steuer vom S-Base-Typ[14]. Nutzbare Daten zu Nettoausschüttungen bzw. -entnahmen in Deutschland liegen nicht vor, die Unterschiede zwischen der existierenden Bemessungsgrundlage (Körperschaftsteuer und Einkommensteuer) und einer hypothetischen S-Base las-

---

12 Für diese Ausnahmetatbestände wird pauschal ein durchschnittlicher Steuersatz von 26% angenommen, so dass sich das Einkommensteueraufkommen dadurch um etwa 5,3 Mrd. € erhöht. Diese Abschätzung geht auf den Bericht der Abteilungsleiter der obersten Finanzbehörden des Bundes und der Länder (2004) zurück.
13 Bei der Berechnung zum Eichel-Tarif ergibt sich ein Gesamtbetrag der Einkünfte von 1080 Mrd. €, bei Mitschke liegt dieser Wert bei 1104 Mrd. €.
14 Vgl. Meade Committee (1978). Es wird angenommen, dass die Gewerbesteuer in ihrer aktuellen Form erhalten bleibt.

sen sich aber auf der Grundlage der Bilanzdatenstatistik der Deutschen Bundesbank approximativ ermitteln[15].

Für die Schätzung der S-Base des Jahres 2006 wird die Entwicklung ihrer Komponenten (bzw. der Komponenten der Differenz zur bestehenden Bemessungsgrundlage wie Investitionen, Abschreibungen usw.) durch eine lineare Regression prognostiziert. Das führt zu dem Ergebnis, dass die Bemessungsgrundlage der S-Base 2006 13,5 Mrd. € geringer ist als die Bemessungsgrundlage des bestehenden Systems[16]. Außerdem ist zu beachten, dass im aktuell geltenden Steuersystem Einkünfte aus Dividenden in die Besteuerung von Kapitaleinkünften eingehen. Sie sind hier aber im Rahmen der S-Base erfasst und werden auch in der Einführungsphase auf der Ebene der Anteilseigner nicht weiter besteuert, so dass nur die sonstigen Kapitaleinkünfte (z.B. Zinseinkünfte) unter die zu versteuernden Einkünfte aus Kapitalvermögen fallen. Das ist in den Simulationsrechnungen berücksichtigt. **Insgesamt ergibt sich in der Einführungsphase ein Aufkommensverlust in Höhe von 2 Mrd. €, das Konzept ist also annähernd aufkommensneutral.**

2.3.3 Steueraufkommen Mitschke Endphase

In der Analyse der Endphase des Mitschke-Konzepts werden die im Vergleich zur Einführungsphase geänderten Vorschriften, namentlich die erhöhte Vorsorgepauschale, der Wegfall der Spendenabzugsfähigkeit und die neue Tarifgestaltung mit lediglich zwei Grenzsteuerstufen von 20% und 30% in den Berechnungsablauf eingearbeitet, der ansonsten die aus der Einführungsphase bekannten Privatabzüge beinhaltet. Hinzu kommen die geänderte Besteuerung von Einkünften aus Kapitalvermögen, Vermietung und Verpachtung und die Besteuerung selbst genutzten Wohnraums gemäß § 19 (2) EStG-Neuordnung. Bei der Besteuerung von Kapitaleinkünften gehen bisherige Einkünfte aus Dividenden wie schon in der Einführungsphase nicht mehr in die Bemessungsgrundlage ein, denn sie sind im Rahmen der S-Base bereits berücksichtigt. Da eine Ausschüttungsbesteuerung zu einem Verzicht auf die Besteuerung der Normalverzinsung des Kapitals äquivalent ist, wurde angenommen, dass Zinseinkünfte im Rahmen der Besteuerung von Kapitaleinkünften ebenfalls nicht mehr in die Bemessungsgrundlage eingehen.

Zur Abschätzung der Einkünfte aus selbst genutztem Wohnraum verwenden wir SOEP-Daten, die auf Haushaltsebene Informationen über fiktive Kaltmieten und Zins- und Tilgungszahlungen beinhalten. Die Ergebnisse dieser Berechnung gehen in die Simulation ein.

---

15 Siehe hierzu Becker und Fuest (2005a) sowie Becker und Fuest (2005b).
16 Daraus ergibt sich bei einem angesetzten Steuersatz von 26% ein Steueraufkommensverlust im Bereich der Unternehmensbesteuerung unter Berücksichtigung der Körperschaftsteuer in Höhe von 3,5 Mrd. €.

Das Ergebnis der Berechnungen zur Endphase ergibt einen Steueraufkommensverlust gegenüber dem Status quo in Höhe von rund 13 Mrd. €. Dies in erster Linie auf die großzügige Ausgestaltung der Vorsorgepauschale in Höhe von 25% des Bruttolohns zurückzuführen.

2.4 Beschäftigungs- und Wachstumswirkungen

Die Simulation der Auswirkungen der Steuerreform auf den Arbeitsmarkt und das Bruttoinlandsprodukt erfolgt im Rahmen eines Numerischen Allgemeinen Gleichgewichtsmodells. Mit Hilfe eines solchen totalanalytischen CGE-Modells lassen sich die gesamtwirtschaftlichen Auswirkungen wirtschaftspolitischer Maßnahmen quantifizieren. FiFoSiM enthält als weiteres Modul ein CGE-Simulationsmodell einer kleinen offenen Volkswirtschaft mit 12 Sektorengruppen und einem repräsentativen Haushalt. Die sektoralen Produktionsfunktionen und die Nutzenfunktion des Haushalts werden auf der Basis empirischer Schätzungen der Produktions- und Substitutionselastizitäten kalibriert. Der Einsatz der Produktionsfaktoren, insbesondere die Verteilung der Beschäftigung und der Produktion über die Sektoren basiert auf Daten der Input-Output-Tabelle 2000 des Statistischen Bundesamtes, die durch das »static aging«-Verfahren auf das Jahr 2006 fortgeschrieben werden. Im Rahmen des Modells wird zunächst der Status quo abgebildet. Da das Modell sektoral unterschiedliche, aber rigide Löhne beinhaltet, besteht unfreiwillige Arbeitslosigkeit.

Als Reformszenario wird eine Veränderung der Arbeits- und Kapitalkosten betrachtet, die zu Änderungen bei Beschäftigung, Investitionen und Gesamtproduktion führt. Die Variation der Arbeitskosten spiegelt dabei die gesunkene Steuerbelastung durch den Einkommensteuertarif des Mitschke-Vorschlags wider und beruht auf den Ergebnissen des Mikrosimulationsmoduls. Die Kapitalkosten sinken von empirisch ermittelten Werten auf das Niveau der Normalverzinsung. Das reflektiert die Investitionsneutralität der Ausschüttungsbesteuerung. Sowohl in der Einführungs- als auch in der Endphase ergeben sich positive Beschäftigungs- und Wachstumseffekte. Diese Wirkungen resultieren aus der steuerlichen Entlastung der Investitionen und der Einkünfte aus abhängiger Beschäftigung im Mitschke-Konzept.

Insgesamt ergibt sich für die Einführungsphase des Mitschke-Konzepts im Vergleich zum Status quo ein Beschäftigungszuwachs in Höhe von rund 370.000 Arbeitsplätzen. Das Bruttoinlandsprodukt steigt um 1,1%. Für die Endphase ergibt sich ein Zuwachs der Beschäftigung um rund 540.000 Arbeitsplätze und ein BIP-Zuwachs um 1,7%.

3 Berechnung der Aufkommenswirkungen des Mitschke-Konzepts mit FiFoSiM

In diesem Kapitel wird das Steuer- und Transfer-Mikrosimulationsmodul von FiFoSiM beschrieben. Hierfür werden zunächst einige Grundlagen erläutert, bevor die Umsetzung bzw. Modellierung des geltenden Steuer- und Transfersystems und des Reformvorschlags von Mitschke skizziert werden[17].

3.1 Grundlagen

In diesem Abschnitt wird zunächst die Technik der Mikrosimulation kurz vorgestellt und anschließend der Aufbau des verwendeten Mikrosimulationsmodells skizziert.

3.1.1 Mikrosimulation

Die auf stark disaggregierten Mikrodaten basierenden mikroanalytischen Simulationsmodelle[18] erfassen explizit Strukturmerkmale der Steuerpflichtigen und ermöglichen deshalb eine differenzierte und detaillierte Evaluation der Wirkungen von Steuerreformen. Es handelt sich hierbei um partialanalytische Methoden, die aufgrund ihrer großen Flexibilität eine sehr detaillierte Abbildung des (komplexen) realen Steuer- und Transfersystems ermöglichen.

Bei mikroanalytischen Simulationsmodellen werden einzelne Mikroeinheiten (Personen, Haushalte, Unternehmen) direkt mit ihren jeweiligen

---

17 Die Komplexität realer Steuer- und Transfersysteme erfordert den Einsatz von Modellen zur Evaluation steuerpolitischer Reformkonzepte. Modelle sind Vereinfachungen der Realität, die in mathematischer Form die Beziehungen zwischen unterschiedlichen Variablen darstellen (vgl. hierzu Felderer und Homburg (2003), S. 10 ff.). Bei der Modellierung werden (für die Problemstellung) irrelevante Details weglassen und man konzentriert sich nur auf die relevanten Zusammenhänge. A model which took account of all the variation of reality would be of no more use than a map at the scale of one to one (Robinson (1962), S. 33). Ein Modell basiert somit immer und notwendigerweise auf vereinfachenden Annahmen. Dies sollte bei der Interpretation der Ergebnisse stets beachtet werden.

18 Vgl. Peichl (2005) für eine Einführung in die Simulationsanalyse als Methode zur Evaluierung von Steuerreformen.

3.1 Grundlagen

Merkmalen entweder durch Einzelsimulation typischer Einzelfälle[19] oder durch Simulation einer Stichprobe betrachtet. Die Repräsentativität der ersten Variante ist äußerst fragwürdig und ihre Ergebnisse sollten nur als grobe Abschätzungen der Auswirkungen von Steuerreformen betrachtet werden. Bei der zweiten Variante stehen sämtliche Strukturinformationen für die Berechungen zur Verfügung. Diese Methode ermöglicht eine detaillierte Abbildung der komplexen sozioökonomischen, rechtlichen und institutionellen Zusammenhänge des Steuer- und Transfersystems und somit eine Evaluation persönlich differenzierten Verhaltens. Eingeschränkt wird die Anwendbarkeit dieser Methode durch die Repräsentativität und Verfügbarkeit von Daten[20], sowie die begrenzte Rechenkapazität insbesondere bei der Simulation großer Stichproben. Die Qualität der Datenbasis und die Vollständigkeit relevanter Variablen bestimmen das Spektrum der simulierbaren Politikmaßnahmen.

Im Mittelpunkt des Mikrosimulationsansatzes stehen individuelle handelnde Mikroeinheiten, auf die die in der Realität zu beobachtenden sozialen und wirtschaftlichen Prozesse zurückzuführen sind[21]. Das Verhalten und die Interaktion dieser Mikroeinheiten determinieren die gesamtwirtschaftlichen Aggregate. Mikrosimulationsansätze zur Erklärung der Auswirkungen von Politikmaßnahmen setzen an eben diesen determinierenden Faktoren an. Zu diesem Zweck werden (repräsentative) Stichproben aus der Gesamtpopulation gezogen, da es nicht möglich ist, Daten für die gesamte Bevölkerung eines Landes zu erhalten bzw. zu verarbeiten. Diese Stichproben bilden die Datengrundlage für das Mikrosimulationsmodell. Zur Ableitung von Aussagen für die Gesamtpopulation erfolgt eine Hochrechnung der Stichprobe mithilfe entsprechender Gewichte, die anhand von gesamtwirtschaftlichen Aggregaten so zu wählen sind, dass die Stichprobe die Grundgesamtheit (Gesamtpopulation) repräsentiert.

---

19 Wie z.B. ein Alleinverdienerehepaar mit zwei Kindern oder ein Single-Haushalt ohne Kinder.
20 Ggf. kann es erforderlich sein, eine eigene integrierte Mikrodatenbasis auf Grundlage von Daten aus unterschiedlichen Quellen zu konstruieren, um alle benötigten Variablen für die Evaluation der gewünschten Fragestellung zur Verfügung zu haben. Spahn et al. (1992), S.126 ff., und Bork (2000), S. 112 ff., bieten einen Überblick über die generelle Vorgehensweise und verschiedene (Matching-)Verfahren zur Verknüpfung von Datensätzen. Weiterhin kann es erforderlich sein, fehlende Werte in den Datensätzen zu imputieren (vgl. hierzu z.B. Rässler (2000)).
21 Die Mikrosimulation baut also auf dem Gedankengebäude der traditionellen mikroökonomischen Theorie auf, die z.B. in Varian (1994) ausführlich dargestellt wird.

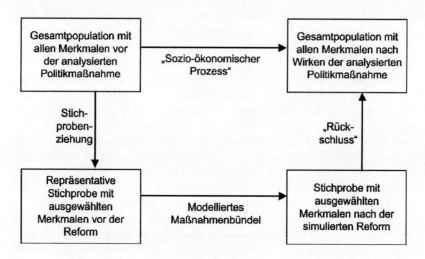

Abbildung 1: Grundkonzept der Mikrosimulation[22]

Abbildung 1 verdeutlicht das Grundkonzept bzw. die generelle Vorgehensweise einer Mikrosimulationanalyse. Der durch die Reform ausgelöste sozioökonomische Prozess wird modelliert und durch Simulation auf die Mikroeinheiten der Stichprobe angewendet. Aufgrund dieser Vorgehensweise weisen Mikrosimulationsmodelle eine sehr hohe Flexibilität auf, da die daraus resultierenden disaggregierten Effekte der Reform erst nach der Simulation je nach Fragestellung entsprechend aggregiert und auf die Grundgesamtheit hochgerechnet werden, um auf diese Weise Rückschlüsse für die Gesamtpopulation zu ziehen. Dies ermöglicht die Evaluation unterschiedlicher Problemstellungen mit einem einzigen Simulationsdurchlauf.

3.1.2 Datenbasis

Um mit den an die Situation im Jahr 2006 angepassten Daten die individuelle Einkommensteuerschuld für jeden Stichprobenfall zu berechnen, muss das geltende Steuerrecht so genau wie es die in den Daten ausgewiesenen steuerlichen Merkmale zulassen nachgebildet werden. Dies geschieht in FiFoSiM sowohl auf Grundlage der Einkommensteuerstatistik als auch auf Basis der SOEP-Daten, da beide Datenquellen spezifische Vor- und Nachteile haben. Auf diese Weise ist es möglich, fehlende Merkmale einer Da-

---

22 Quelle: Eigene Darstellung in Anlehnung an Bork (2000), S. 71 bzw. Galler und Ott (1994), S. 401.

3.1 Grundlagen

tengrundlage durch Informationen aus der anderen z.B. durch Imputation zu ergänzen oder fehlende Werte zumindest abzuschätzen.

FAST98: Faktisch anonymisierte Daten aus der Einkommensteuerstatistik

Die amtliche Lohn- und Einkommensteuerstatistik des statistischen Bundesamtes erscheint alle drei Jahre jedoch mit einer etwa fünf- bis sechsjährigen Zeitverzögerung aufgrund von time-lags bei der Veranlagung der Einkommensteuer. Diese (sekundäre) Totalerhebung bei den Finanzverwaltungen liefert die steuerrelevante personelle Einkommensverteilung aller Steuerpflichtigen. Die Zahl der steuerpflichtigen Haushalte in der Lohn- und Einkommensteuerstatistik 1998 betrug rund 30 Millionen. Die repräsentative 10%-Stichprobe des Forschungsdatenzentrums des Statistischen Bundesamtes enthält fast drei Millionen Einzeldatensätze mit umfangreichen Informationen wie Einkommensquellen, Sonderausgaben, außergewöhnliche Belastungen und festgesetzte Einkommensteuer, sowie verschiedene demographische Merkmale (z.B. Alter, Geschlecht, Familienstand, Kinderzahl)[23]. Informationen über das Arbeitsverhalten, das soziale Umfeld oder andere nicht einkommensteuerlich relevante Merkmale liegen jedoch nicht vor, so dass auf Grundlage dieser Datenbasis Verhaltensanpassungen an Reformen nur sehr schlecht simuliert werden können.

Die FAST-Daten von 1998 bildet die primäre Datengrundlage für die hier vorgestellte Analyse der Aufkommenswirkungen von Steuerreformen. Es wird ein mikroanalytisches Simulationsmodell erarbeitet, mit dessen Hilfe die statisch-komparative Analyse alternativer Steuersystemkonzepte möglich ist. Die FAST-Mikrodaten eignen sich dazu besonders gut, da sie die Strukturmerkmale der Steuerpflichtigen detailliert abbilden und damit eine differenzierte Wirkungsanalyse erlauben.

SOEP: Sozio-ökonomisches Panel

Das Sozio-ökonomische Panel (SOEP) des DIW[24] ist eine seit 1984 laufende jährliche repräsentative Wiederholungsbefragung von privaten Haushalten in Deutschland. Die Stichprobe umfasste in den Erhebungsjahren 2002/2003 mehr als 12.000 Haushalte mit fast 30.000 Personen. Die Themenschwerpunkte sind Haushaltszusammensetzung, Erwerbs- und Famili-

---

23 Darüber hinaus liegen detaillierte Informationen vor, mit deren Hilfe die Zusammensetzung hoher Einkommen, die aus anderen Statistiken bisher nicht zu ermitteln war, analysiert werden kann (vgl. hierzu auch Merz und Zwick (2004)).

24 Eine ausführliche Dokumentation des SOEP findet sich in Haisken De-New und Frick (2003).

enbiographie, Erwerbsbeteiligung und berufliche Mobilität, Einkommensverläufe, Gesundheit und Lebenszufriedenheit. Die Beantwortung der Fragen erfolgt freiwillig und ohne Vergütung. Alle Informationen eines Haushalts werden an einem Tag (ohne spätere Rückfragen) erhoben. Hierdurch und durch Selbsteinstufungen, z.B. bei der Einkommenshöhe, können Verzerrungen entstehen, die jedoch bei der Auswertung der Daten nicht identifiziert werden können.

Mit Hilfe des SOEP können politische und gesellschaftliche Veränderungen analysiert werden. Aufgrund des Panelcharakters des SOEP sind sowohl Längsschnitt- als auch Querschnittsanalysen möglich. Bork (2000) bescheinigt dem SOEP eine gute Abbildung der Einkünfte aus abhängiger Beschäftigung im Vergleich mit der Lohnsteuerstatistik. Die Einkünfte aus Land- und Forstwirtschaft, Gewerbebetrieb und selbständiger Arbeit werden im SOEP nur zusammen erfasst und sind im Vergleich ebenso unterrepräsentiert wie die Einkünfte aus Kapitalvermögen.

Die SOEP-Daten mit Informationen über individuelle Arbeitszeiten und das soziale Umfeld werden insbesondere für die Simulation der Arbeitsangebotswirkungen aber auch zur Ergänzung der FAST-Daten im unteren Einkommensbereich sowie bei der Rentenbesteuerung verwendet.

Fortschreibung der Steuerdaten

Insbesondere für die Daten der Einkommensteuerstichprobe ist eine zeitliche Fortschreibung (von 1998 in das Jahr 2006) unerlässlich, da diese Daten einen Zustand repräsentieren, der bereits sieben Jahre zurückliegt. Auch für die SOEP-Daten erfolgt eine Fortschreibung von 2002 auf 2006. Mit Hilfe der Methode des »static aging« werden die Daten auf einen späteren Zeitpunkt (hier das Jahr 2006) fortgeschrieben. Im Rahmen dieser Fortschreibung werden strukturelle Änderungen in der Zusammensetzung der Bevölkerung durch eine Modifikation der Gewichtungsfaktoren bei der Hochrechnung auf die Grundgesamtheit berücksichtigt[25].

Im ersten Schritt werden grundlegende Strukturveränderungen in der Grundgesamtheit nachvollzogen, indem die Steuerpflichtigen nach den drei Merkmalen Altersklasse, Veranlagungsart und Alte/Neue Bundesländer differenziert fortgeschrieben werden. Während die Merkmale Veranlagungsart (gemeinsam oder einzeln) und Alte/Neue Bundesländer für alle Fälle vorliegen, gibt es beim Alter Einschränkungen bei einigen Merkmalsträgern. Der Großteil der Einkommensteuerfälle enthält als Merkmal das exakte Alter der Steuerpflichtigen, aufgrund der zur Nutzung der Daten erforderlichen Anonymisierung gibt es allerdings zahlreiche Fälle, die ledig-

---

25 Die prinzipielle Vorgehensweise des static aging wird in Bork (2000), S. 120 ff. beschrieben.

3.1 Grundlagen

lich Angaben der Zugehörigkeit zu Altersklassen in fünf oder zehn Jahresschritten aufweisen. Um bei möglichst geringem Informationsverlust eine sinnvolle Nutzung der Daten zu gewährleisten, wurde für das Alter eine neue Variable mit 13 Altersklassen und Klassenbreiten von fünf Jahren gebildet, denn diese Altersklassenabstände finden sich auch in den relevanten Bevölkerungsstatistiken wieder. Da die Zuordnung zu zehnjährigen Altersklassen nur diejenigen Fälle mit höherem Anonymisierungsgrad betrifft, wurden die betreffenden Fälle per gleichverteilter Zufallsvariable auf fünfjährige Altersklassen aufgeteilt. Ebenso wurden die Fälle mit exakter Altersangabe den entsprechenden Klassen zugeteilt.

Die Fortschreibungsmethode orientiert sich an Quinke (2001): Dort werden die in den FAST-Daten pro Altersklasse, Veranlagungsart und Alte/Neue Bundesländerzugehörigkeit erfassten Fälle den entsprechend demographisch ermittelten Steuerpflichtigen der Bevölkerungsstatistik 1998 gegenübergestellt und daraus der jeweilige Erfassungsgrad der Steuerstatistik berechnet. Unter der Annahme, dass dieser Erfassungsgrad konstant bleibt, kann aus der aktuellen Bevölkerungsstatistik bzw. -prognose für 2005 und 2006 durch Multiplikation mit dem Erfassungsgrad die notwendige Anpassung der Datenstruktur zur Abbildung der Steuerpflichtigen in 2005 bzw. 2006 näherungsweise geschätzt werden.

Zur Umsetzung dieser statistischen Fortschreibung müssen die Fallgewichte verändert werden. Die in den FAST-Daten enthaltenen Gewichtungsfaktoren geben an, wie viele Fälle der Grundgesamtheit durch einen Fall der Stichprobe repräsentiert werden. Durch die Anpassung dieser Gewichtungsfaktoren nach den insgesamt 52 Merkmalskombinationen (13 Altersklassen mal 2 mögliche Veranlagungsarten mal 2 Alte/Neue Bundesländerzugehörigkeit) kann die für 2006 geschätzte Struktur der Steuerpflichtigen abgebildet werden. Die mathematische Aufgabe der Umgewichtung erfüllt die von Merz et al. (2001) entwickelte überaus leistungsfähige Software Adjust. Mit Hilfe dieses Programms ist es möglich, wichtige strukturelle Veränderungen der letzten sieben Jahre in die Modellbildung einzubeziehen.

Den zweiten Schritt stellt die differenzierte Fortschreibung der steuerpflichtigen Einkommen dar. Dabei werden die unterschiedliche Entwicklung der verschiedenen Einkunftsarten, Unterschiede zwischen West- und Ost-Entwicklung sowie der Rückgang negativer Einkommen als zentrale Merkmale struktureller Veränderungen berücksichtigt. Zur Abschätzung der differenzierten Einkommensentwicklung der vergangenen sieben Jahre wird auf Forschungsergebnisse des DIW[26] zurückgegriffen. Daraus konnten für jede Einkunftsart, teilweise nach positiven und negativen Einkünften unterschiedene Fortschreibungsfaktoren gebildet werden, die bei der nun folgenden Ermittlung der individuellen Einkommen angewendet werden können. In der konkreten Umsetzung bedeutet dies, dass jeder Wert eines

---

26 Vgl. hierzu Bach und Schulz (2003).

Einkunftsmerkmals für jeden Stichprobenfall mit dem entsprechenden Fortschreibungsfaktor multipliziert und somit auf den zu erwartenden Wert für 2006 hochgerechnet wird. Da es sich bei den Fortschreibungsfaktoren um Durchschnittswerte handelt, kann bei der Hochrechnung auf die Grundgesamtheit von einer insgesamt recht guten Annäherung an die veränderte Struktur der Einkünfte in den Jahren 2006 ausgegangen werden.

3.1.3 Modellaufbau FiFoSiM

Die Grundstruktur von FiFoSiM und die Vorgehensweise der weiteren Analyse ist Abbildung 2 zu entnehmen.

Der Aufbau des Modells erfolgt in mehreren Schritten: Zuerst ist es erforderlich, die Datenbasis für eine Abbildung der gegenwärtigen Situation aufzubereiten. Dazu wird das Datenmaterial in zweierlei Hinsicht fortgeschrieben. Zum einen wird die Entwicklung der Steuerpflichtigen nach bestimmten grundlegenden Strukturmerkmalen nachvollzogen und zum anderen die Einkommen der Steuerpflichtigen nach den verschiedenen Einkunftsarten differenziert fortgeschrieben. Mit den auf diese Weise angepassten Daten wird zunächst das aktuell geltende Steuerrecht nachgebildet. Die Simulation des geltenden Steuersystems bildet das Referenzmodell für alternative Steuerreformkonzepte, die wiederum mit den angepassten Daten nachzubilden sind.

Die Nachbildung des Steuersystems wird mit der Technik der Mikrosimulation vollzogen. Dazu wird jeweils die individuelle Einkommensteuerschuld unter Berücksichtigung von Freibeträgen, Anrechnungspauschalen, Sonderausgaben, sowie Abzugsbeträgen für außergewöhnliche Belastungen und sonstige Privataufwendungen für jeden Fall der Stichprobe berechnet. Anschließend werden die Ergebnisse mit den durch die Fortschreibung angepassten Fallgewichten multipliziert und damit auf die Gesamtpopulation hochgerechnet.

Die Aufkommens- und Arbeitsangebotswirkungen werden in FiFoSiM in den beiden in Stata programmierten Modulen berechnet, einem statischen Mikrosimulationsmodell des deutschen Steuer- und Transfersystems sowie einem ökonometrisch geschätzten Arbeitsangebotsmodell[27]. Aus den nach gewissen Kriterien selektierten Daten des Sozio-ökonomischen Panels (SOEP) werden durch das Mikrosimulationsmodul die Nettohaushaltseinkommen berechnet.

---

27 Wir verwenden das diskrete Haushaltsarbeitsangebotsmodell von Van Soest (1995). Eine ausführliche Beschreibung des Modells findet man in Kapitel 4. Es ist allerdings auch die Verwendung eines anderen Modells denkbar. Einen Überblick über verschiedene mögliche Modellvarianten findet z.B. bei Blundell und MaCurdy (1999) oder Creedy et al. (2002).

3.1 Grundlagen

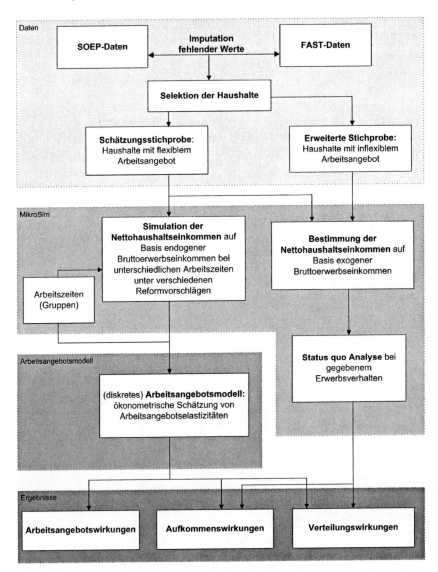

Abbildung 2: Modellaufbau FiFoSiM

Diese fließen zusammen mit Informationen über die Arbeitszeiten in das (diskrete) Arbeitsangebotsmodell ein, in dem unter gewissen Verteilungsannahmen eine ökonometrische Schätzung der Arbeitsangebotselastizitäten erfolgt. Als Ergebnisse können die Aufkommens- und Verteilungseffekte, sowie die Arbeitsangebotsreaktionen berechnet werden.

3 Berechnung der Aufkommenswirkungen des Mitschke-Konzepts mit FiFoSiM

Des Weiteren enthält FiFoSiM ein CGE-Modul zur Berechnung der Beschäftigungs- und Wachstumswirkungen. Dieses wird in Kapitel 5 ausführlich beschrieben.

3.2 Modellierung des geltenden Steuerrechts

Der Aufbau des Simulationsmodells orientiert sich für beide Datenbasen an dem in Tabelle 1 dargestellten Schema zur Ermittlung der Einkommensteuer.

Einkünfte aus Land- und Forstwirtschaft	§§ 13-14a
+ Einkünfte aus Gewerbebetrieb	§§ 15-17
+ Einkünfte aus selbständiger Arbeit	§ 18
+ Einkünfte aus nichtselbständiger Arbeit	§ 19
+ Einkünfte aus Kapitalvermögen	§ 20
+ Einkünfte aus Vermietung und Verpachtung	§ 21
+ sonstige Einkünfte	§ 22
= Summe der positiven Einkünfte	§ 2 III
-- negative Einkünfte (Verlustausgleich)	
= Summe der Einkünfte	§ 2 III
-- Altersentlastungsbetrag	§ 24a
-- Freibetrag für Land- und Forstwirte	§ 13 III
= Gesamtbetrag der Einkünfte	§ 2 III
-- Sonderausgaben (tatsächlich oder pauschaliert)	§§ 10-10c
-- außergewöhnliche Belastungen (tatsächlich oder pauschaliert)	§§ 33-33c
-- »Verlustabzug« (Verlustrücktrag, Verlustvortrag)	§ 10d
= Einkommen	§ 2 IV
-- Kinderfreibeträge	§ 32 VI
-- Haushaltsfreibetrag	§ 32 VII
= zu versteuerndes Einkommen	§ 2 V

Tabelle 1: Schema zur Ermittlung der Einkommensteuer Status Quo

Zunächst sind dabei die zentralen Änderungen des Steuerrechts, die seit 1998 (FAST) bzw. 2002/2003 (SOEP) in Kraft getreten sind, zu berücksichtigen. Die Daten können nicht einfach übernommen werden, da viele Einzelregelungen und nicht zuletzt die Steuertarife seit Datenlegung verändert wurden. Zentrale Änderungen sind die Änderung des Arbeitnehmer-Pauschbetrags von 2000 DM auf 920 € und die Änderung der Kilometerpauschale von 0,70 DM auf 0,30 € bei den Einkünften aus nichtselbständiger Arbeit sowie die Änderung des Sparerfreibetrags von 6000 DM auf

3.2 Modellierung des geltenden Steuerrechts

1370 € bei den Kapitaleinkünften. Zudem haben sich die Sätze bei Kindergeld und -freibeträgen geändert, die eine neue individuelle Günstigerprüfung erfordern. Schließlich ist der Tarif Eichel 2005 (der auch für 2006 gilt) mit dem Spitzensteuersatz von 42% zu berechnen.

3.2.1 Ermittlung der Einkünfte innerhalb jeder Einkunftsart

Die zur Berechnung der individuellen Einkommensteuerschuld notwendigen Daten werden soweit wie möglich den Merkmalen der Lohn- und Einkommensteuerstichprobe entnommen. Der Gesamtbetrag der Einkünfte wird für jeden Simulationsfall aus den mit den jeweiligen Fortschreibungsfaktoren multiplizierten Einkünften aus den einzelnen Einkunftsarten unter Abzug von tatsächlich nachgewiesenen bzw. pauschal angesetzten Werbungskosten, Fahrtkosten und dem bei Kapitaleinkünften individuell ermittelten Sparerfreibetrag berechnet. Bei den Einkünften aus nichtselbständiger Arbeit werden Versorgungsbezüge nach den Bestimmungen des EStG gesondert behandelt.

Für alle Einkunftsarten, bei denen Werbungskosten geltend gemacht werden können, gilt, dass die tatsächlichen Werbungskosten nur in der Einkommensteuerstichprobe ausgewiesen werden, im SOEP hingegen nicht. Deshalb werden für die Berechnung auf Grundlage der SOEP-Daten zunächst für jede relevante Einkunftsart die entsprechenden Pauschbeträge angesetzt und die Höhe der tatsächlichen Werbungskosten aus den FAST-Werten regressionsbasiert imputiert[28].

Gewinneinkunftsarten

Gewinneinkunftsarten sind Einkünfte aus Land- und Forstwirtschaft nach §§ 13, 14 EStG (Gewinnermittlung i.d.R. nach Durchschnittssätzen, § 13 a EStG), Einkünfte aus Gewerbebetrieb gemäß §§ 15-17 EStG (Gewinnermittlung i.d.R. durch Betriebsvermögensvergleich) und Einkünfte aus selbständiger Arbeit i.S.v. § 18 EStG (Gewinnermittlung i.d.R. durch Überschussrechnung, § 4 III EStG)

Die Gewinneinkunftsarten sind in den FAST-Daten einzeln, im SOEP zusammen erfasst. Durch separate Fortschreibungsfaktoren werden die unter-

---

28 Die Imputation ist eine statistische Methode zur Ergänzung unvollständiger Informationen bzw. zur Rekonstruktion fehlender Werte (vgl. hierzu und zu dem Folgenden z.B. Rässler (2000)). Durch wiederholte Anwendung eines Imputationsalgorithmus (bis zu dessen Konvergenz) werden Parameterwerte aus einer bestimmten Verteilung gezogen. Für diese Parameter werden dann Punktschätzer und Standardfehler berechnet und aus diesen dann durch geeignete Mittelwertbildung die fehlenden Werte rekonstruiert.

schiedlichen Entwicklungen positiver und negativer Gewinneinkünfte gesondert berücksichtigt.

Einkünfte aus nichtselbständiger Arbeit

Einkünfte aus nichtselbständiger Arbeit sind gemäß § 19 EStG der Überschuss des Bruttoarbeitslohns über die Werbungskosten, wobei ein Pauschbetrag von 920 € angesetzt wird, falls keine höheren Werbungskosten nachgewiesen werden, plus der Überschuss der Versorgungsbezüge über den Versorgungsfreibetrag (40% der Versorgungsbezüge aber höchstens 3000 €, sowie weitere 900 € (Zuschlag) steuerfrei) mit einem Werbungskosten-Pauschbetrag in Höhe von 102 (§ 9a EStG). Bestandteil der Werbungskosten sind die Fahrtkosten, die im geltenden Recht pauschal mit 0,3 € pro Kilometer abzugsfähig sind.

Versorgungsbezüge sind in beiden Datenquellen gesondert ausgewiesen und werden den gesetzlichen Regelungen entsprechend behandelt. Im Fall der FAST-Simulation werden die Fahrtkosten-Angaben aus 1998 vom damaligen Kilometersatz von 70 Pfennig auf den nun gültigen Satz umgerechnet unter der vereinfachenden Annahme, dass sich die Entfernungen zwischen Wohnung und Arbeitsstätte nicht verändert haben. Die SOEP-Daten weisen genau diese Entfernung aus, die für jeden Fall mit Fahrtkostenansatz mit der aktuell gültigen Kilometerpauschale multipliziert wird. Auch hier gilt die Annahme gleichgebliebener Entfernung seit 2002. Die in den SOEP-Daten nicht ausgewiesenen Werbungskosten werden durch Regression aus den FAST-Daten imputiert.

Einkünfte aus Kapitalvermögen

Einkünfte aus Kapitalvermögen sind laut § 20 EStG der Überschuss der Kapitalerträge über Werbungskosten (dabei gilt ein Pauschbetrag von 51 € bzw. 102 € bei Ehegatten, die zusammen veranlagt werden) und Sparerfreibetrag (1370 € bzw. 2740 €). Bei gemeinsamer Veranlagung wird der Sparerfreibetrag wie in § 20 Abs. 4 EStG vorgesehen getrennt berechnet.

Da die Kapitaleinkünfte im SOEP lediglich auf Haushaltsebene ausgewiesen sind, ist hier eine Zuordnung der Kapitaleinkünfte auf die Haushaltsmitglieder erforderlich. Gestützt auf die Daten der ESt-Geschäftsstatistik werden die Kapitaleinkünfte unter den über 55-jährigen Personen im Haushalt gleichverteilt oder, wenn keine über 55-jährige Person zum Haushalt gehört, dem Haushaltsvorstand und seinem Partner zugerechnet.

3.2 Modellierung des geltenden Steuerrechts

Einkünfte aus Vermietung und Verpachtung

Einkünfte aus Vermietung und Verpachtung nach § 21 EStG werden wie die Gewinneinkunftsarten nach positiven und negativen Einkünften differenziert fortgeschrieben. Das ist bei dieser Einkunftsart von besonderer Bedeutung, da die summierten Einkünfte der Gesamtheit der Steuerpflichtigen in dieser Einkunftsart negativ sind.

Dieser Umstand wird von beiden Datenquellen entsprechend abgebildet. Im SOEP sind allerdings auch hier nur Haushaltsdaten vorhanden; deswegen wird eine Zurechnung wie bei den Einkünften aus Kapitalvermögen durchgeführt.

Sonstige Einkünfte

Sonstige Einkünfte umfassen nach §§ 22, 23 EStG den Überschuss der Einnahmen über Werbungskosten (Pauschbetrag 51 € bzw. 102 €), i.d.R Einkünfte aus wiederkehrenden Bezügen, dazu gehören:

- Leibrenten und andere Leistungen:
  - Leibrenten müssen mit dem Ertragsanteil versteuert werden. Das gleiche Prinzip gilt bei Witwen- und Waisenrenten sowie Berufs- und Erwerbsunfähigkeitsrenten. Bei letzteren wird die Rente später bei Erreichen des Renteneintrittsalters in eine normale Rente umgewandelt, der Ertragsanteil richtet sich hier nach der Restlaufzeit der Berufsunfähigkeitsrente.
  - Betriebsrenten werden voll versteuert, Arbeitnehmer können jedoch bis zu 4% des Bruttoeinkommens als Beiträge für Direktversicherungen, Pensionskassen und Pensionsfonds absetzen.
  - Steuerfrei sind Renten aus der gesetzlichen Unfallversicherung, z.B. Berufsgenossenschaftsrenten, Kriegs- sowie Wehrdienst- und Zivildienstbeschäftigtenrenten sowie Wiedergutmachungsrenten.
- Einkünfte aus Zuschüssen und sonstigen Vorteilen
- Einkünfte aus Unterhaltsleistungen
- Einkünfte aus privaten Veräußerungsgeschäften (steuerfrei, wenn < 512 € im Jahr)
- Einkünfte aus Leistungen, sofern sie nicht zu den anderen Einkunftsarten gehören, z.B. gelegentliche Vermittlung oder Vermietung beweglicher Gegenstände (steuerfrei, wenn > 256 € im Jahr)
- Entschädigungen, Amtszulagen, Übergangsgelder, Überbrückungsgelder, Sterbegelder, Abgeordnetenversorgungsbezüge, Zuschüsse zu Kranken- und Pflegeversicherungsbeiträgen
- Leistungen aus Altersvorsorgeverträgen

- Private Altersvorsorgeverträge. Sie werden im Wesentlichen wie privates Sparen behandelt, Ausnahmen bilden bestimmte Formen des Sparens (z.B. Riester-Rente, bis 2004 Lebensversicherungen).

Die SOEP-Daten enthalten Angaben zu Einkünften aus Leibrenten und Unterhaltsleistungen. Angaben zu anderen sonstigen Einkünfte sind nur in der FAST-Einkommensteuerstichprobe ausgewiesen.

Besteuerung von Alterseinkünften

Während die FAST-Daten für die ersten sechs Einkunftsarten detaillierte Informationen bereitstellen, lässt sich die Neuregelung der Rentenbesteuerung mit den vorhandenen Daten von 1998 nicht adäquat nachvollziehen. Selbst wenn für 2005 vereinfachend eine Verdopplung der zu besteuernden Rentenertragsanteile angenommen wird, können die Daten von 1998 keine repräsentative Grundlage für die Berechnung der Auswirkung dieser Neuregelung liefern. Da in 1998 nur etwa ein Viertel der Renten (sog. Ertragsanteil) der Besteuerung unterlag, werden zahlreiche Bezieher von Renteneinkünften in den Daten der Lohn- und Einkommensteuerstichprobe von 1998 gar nicht erfasst. Gerade Bezieher kleinerer Renten bzw. insgesamt niedriger Einkommen mit Rentenbestandteilen lagen mit ihrem zu versteuernden Einkommen unterhalb des Grundfreibetrags und tauchen damit nicht in der Einkommensteuerstichprobe auf. Genauso wenig sind Renteneinkünfte aus privaten Renten, die nach dem Steuerrecht 1998 nicht im dem Maße des heutigen Steuerrechts zu versteuern waren, in den Daten enthalten. Allerdings fehlen ebenso die heute abzugsfähigen Beiträge zu diesen Versicherungen als eigenständige Merkmale. Hier helfen Abschätzungen aus anderen Datenquellen. Hierzu zählen die Bezifferung der Gesamteffekte im Finanzbericht[29] als Orientierung, sowie insbesondere die Ergebnisse der Simulation mit Hilfe der SOEP-Daten, in denen alle Rentenempfänger repräsentiert sind.

Gesamtbetrag der Einkünfte

Von der Summe der Einkünfte aus den sieben Einkunftsarten wird der Altersentlastungsbetrag subtrahiert und damit der Gesamtbetrag der Einkünfte ermittelt. Der Altersentlastungsbetrag in Höhe von 40 v.H. des Arbeitslohns und der positiven Summe der Einkünfte, die nicht aus nichtselbständiger Arbeit stammen, aber insgesamt höchstens 1908 €, wird nach § 24a EStG allen über 65-jährigen gewährt. Dabei werden allerdings Versorgungsbe-

---

29 Vgl. Bundesministerium der Finanzen (2005).

3.2 Modellierung des geltenden Steuerrechts

züge und Leibrenten nicht berücksichtigt. Der Freibetrag für Land- und Forstwirte (§13 Abs. 3 EStG) bleibt wegen seiner geringen Bedeutung außer acht, zumal er weder in den FAST- noch in den SOEP-Daten explizit ausgewiesen wird.

3.2.2 Ermittlung des zu versteuernden Einkommens

Der Abzug der Sonderausgaben, der Aufwendungen für außergewöhnliche Belastungen und des Verlustabzugs vom Gesamtbetrag der Einkünfte ergibt das Einkommen gemäß § 2 Abs. 4 EStG. Davon werden Kinderfeibeträge und Härteausgleich abgezogen, was schließlich das zu versteuernde Einkommen (§ 2 Abs. 4 EStG) ergibt. Der Haushaltsfreibetrag (§ 32 Abs. 7 EStG) wurde 2004 abgeschafft.

Die abzugsfähigen Sonderausgaben, Aufwendungen für Außergewöhnliche Belastungen und die Förderung des Wohneigentums werden aus den Daten ermittelt. Die in der FAST-Stichprobe aufgeführten Beträge werden mit einem Durchschnittsfortschreibungsfaktor multipliziert, um auch hier dem Umstand Rechnung zu tragen, dass die Daten den Stand 1998 wiedergeben.

Sonderausgaben (§ 10 EStG)

Die Sonderausgaben setzen sich zusammen aus:

- Unterhaltsleistungen (bis zu 13.805 € pro Jahr absetzbar)
- gezahlter Kirchensteuer
- Steuerberatungskosten
- Aufwendungen für die eigene Berufsausbildung (bis zu 4.000 € im Jahr)
- Schulgebühren der Kinder (bis zu 30 % sind absetzbar, bei fehlendem Nachweis erfolgt ein pauschaler Abzug von 36 €)
- Spenden (bis zu 5% des Gesamtbetrags der Einkünfte bzw. 0,2 % der aufgewendeten Löhne und Gehälter sind abzugsfähig, für besondere Zwecke Erhöhung auf 10 %)
- Beiträge zum Vermögensstock einer Stiftung (bis zu 307.000 €)
- Zuwendungen an politische Parteien (bis zu 1.650 € (bzw. 3.300 € bei gemeinsamer Veranlagung))

Angaben zu Unterhaltsleistungen sind im SOEP enthalten, die Kirchensteuer wird im Modell simuliert. Zu den verbleibenden Bestandteilen der Sonderausgaben werden in der SOEP-Berechnung Daten der Einkommensteuerstichprobe durch Regression imputiert.

Zur Berechnung der Vorsorgeaufwendungen[30] werden an dieser Stelle zunächst die Sozialversicherungsabgaben der abhängig Beschäftigten ermittelt. Die ermittelten Beträge werden außerdem zur Berechnung der Nettoeinkommen benötigt.

Zur Vereinfachung wird für die Simulation der Arbeitsangebotsreaktionen angenommen, dass alle Beitragszahler unabhängig von ihrer Einkommenshöhe pflichtversichert in der Gesetzlichen Krankenversicherung sind und bis zu den jeweiligen Beitragsbemessungsgrenzen Sozialversicherungsbeiträge zahlen. Bei der Ermittlung der im geltenden Recht als Sonderausgaben zu berücksichtigenden Beiträge zu den Sozialversicherungen ist zu beachten, dass diese größtenteils je zur Hälfte von Arbeitnehmer und Arbeitgeber entrichtet werden. Aus diesem Grund errechnen sich die Gesamtbeiträge als Summe der jeweiligen Hälften der mit dem entsprechenden Beitragssatz multiplizierten beitragspflichtigen Einnahmen, die jedoch nur bis zur Beitragsbemessungsgrenze berücksichtigt werden.

Sozialversicherungsbeiträge

- Krankenversicherung:
  Für die Krankenkassenbeiträge wird ein Durchschnittsbeitrag in Höhe von 13,25% unterstellt. Es wird angenommen, dass sich Arbeitgeber und Arbeitnehmer die Beiträge teilen. Der zum 1. Juli 2005 eingeführte Sonderbeitrag für Krankengeld und Zahnersatz (Beitragssatz 2005/6: 0,9 %), der von den Arbeitnehmern alleine getragen wird, wird hierbei ebenfalls bei den Arbeitnehmern berücksichtigt.
  Die Beitragsbemessungsgrenze beträgt 3.525 € in West- und Ostdeutschland.
- Rentenversicherung:
  Der Beitragssatz der Rentenversicherung beträgt 2005 und 2006 19,5%, die Beitragsbemessungsgrenze beträgt 5.200 € (4.400 € in Ostdeutschland).
- Arbeitslosenversicherung:
  Der Beitragssatz der Arbeitslosenversicherung beträgt 6,5% und die Beitragsbemessungsgrenze beträgt 5.200 € (4.400 € in Ostdeutschland).
- Pflegeversicherung:
  Der Beitragssatz zur Pflegeversicherung beträgt 1,7%, die Beitragsbemessungsgrenze liegt wie bei der Krankenversicherung bei 3.525 € in West- und Ostdeutschland. Seit Januar 2005 müssen Arbeitnehmer ohne Kinder einen zusätzlichen Beitrag von 0,25% zahlen.

---

30 Die Vorsorgeaufwendungen sind Bestandteil der Sonderausgaben im §10 EStG, werden hier aber der Übersichtlichkeit halber separat aufgeführt.

3.2 Modellierung des geltenden Steuerrechts

Vorsorgeaufwendungen (§§ 10, 10a, 10b, 10c EStG)

- Die Beiträge zur gesetzlichen Rentenversicherung (Arbeitgeber- und Arbeitnehmeranteil) plus die Beiträge für private (Leib-) Rentenversicherung (oder Berufsunfähigkeitsversicherung, § 10 Abs. 1 Nr. 2b) sind zu 60 % bis zu einer Höhe von 20.000 € (bzw. 40.000 €) abzugsfähig. Der Abzugbetrag wird anschließend um den Arbeitgeberanteil an den Rentenversicherungsbeiträgen reduziert.
- die Riester-Rente (höchstens 1.575 €),
- Vorsorge gegen Krankheit, Pflegebedürftigkeit und Arbeitslosigkeit sind ebenfalls als Sonderausgaben absetzbar, ebenso Beiträge zu privaten Lebensversicherung, Beiträge zu Risikoversicherungen und Versicherungen gegen Erwerbs- oder Berufsunfähigkeit; der Höchstbetrag beträgt in diesen Fällen 2.400 €. Hierbei ist eine Günstigerprüfung gegenüber der Regelung bis 2004 vorzunehmen. Bei fehlenden Beiträgen zur Krankenversicherung beträgt die Höchstgrenze 1500 € (3000 € bei gemeinsamer Veranlagung).

Für die Vorsorgeaufwendungen insgesamt wird bei fehlendem Nachweis ein Pauschbetrag abgezogen: die Summe aus 50 % des Beitrages zur gesetzlichen Rentenversicherung und 11% des Arbeitslohnes, höchstens jedoch 1500 € (bezogen auf 11%).

Die Vorsorgeaufwendungen werden in FiFoSiM aufgrund der individuellen Sozialversicherungsabgaben nach der ab 2005 geltenden Regelung errechnet. Sollte die bisherige Regelung, repräsentiert durch den in der Stichprobe vorliegenden (fortgeschriebenen) Wert, für den Steuerpflichtigen günstiger ausfallen, wird dieser Betrag für die Vorsorgeaufwendungen angesetzt. Bei der SOEP-Variante werden beide Werte berechnet und verglichen.

Außergewöhnliche Belastungen (§§ 33 bis 33c EStG)

- in bestimmten Fällen: Ausgaben für Ausbildung der Unterhaltsberechtigten, Ausgaben zur Heilung oder Linderung einer Krankheit, Ausgaben zur Beschäftigung einer Haushaltshilfe bei Alter und/oder Behinderung, Fahrtkosten aufgrund einer Behinderung (grundsätzlich nur absetzbar bei Übersteigen der zumutbaren Belastung)
- Pauschbeträge für Menschen mit Behinderung, sowie für Hinterbliebene und Pflegepersonen (Pauschbeträge nach Grad der Behinderung, §33b EStG)
- Kinderbetreuungskosten

- Steuerbegünstigung der zu Wohnzwecken genutzten Wohnungen, Gebäude und Baudenkmale sowie der schutzwürdigen Kulturgüter (§§ 10e bis 10i EStG)
- im Jahr der Fertigstellung und den darauf folgenden drei Jahren sind 6% der Hälfte der Anschaffungskosten für Grund und Boden abzugsfähig (höchstens 10124 €), in den vier darauf folgenden Jahren bis zu 5% (höchstens 8437 €)
- bei eigengenutzten Baudenkmalen und Gebäuden in Sanierungsgebieten sind bis 9% der Aufwendungen für Baumaßnahmen neun Jahre lang abzugsfähig

In den FAST-Daten sind die individuellen Beträge bei Außergewöhnlichen Belastungen aufgeführt; bei der SOEP-Berechnung werden die jeweiligen Pauschbeträge angesetzt. Die in beiden Datenquellen existierenden Merkmale, die die Abzugsbeträge zur Förderung des Wohneigentums zusammenfassen, werden jeweils benutzt.

Verlustabzug (§ 10d EStG)

Abzug von negativen Einkünften bis zu 511.500 € (bzw. 1.023.000 €) [Verlustrücktrag] von den Einkünften des vorangegangenen Veranlagungszeitraumes.

1. Abzug von negativen Einkünften bis zu 1 Mio. €. (bzw. 2 Mio. €) unbeschränkt, darüber hinaus 60% [Verlustvortrag] von den Einkünften der folgenden Veranlagungszeiträume

2. In der FAST-Berechnung wird der Verlustabzug simuliert. Während in der FAST-Variante die fortgeschriebenen Werte angesetzt werden können, fehlen entsprechende Angaben im SOEP. Deshalb wird dort der Verlustabzug als aus der FAST-Berechnung ermittelter Gesamteffekt berücksichtigt.

Einkommen

Nach Subtraktion der genannten Abzugsbeträge vom Gesamtbetrag der Einkünfte ergibt sich das Einkommen. Dies wird durch den Härteausgleich nach § 46 Abs. 3 EStG reduziert, der aus den FAST-Daten unmittelbar übernommen werden kann, da sich dessen nominale Höhe seit 1998 nicht maßgeblich geändert hat. Während der Haushaltsfreibetrag inzwischen weggefallen ist, tritt der Entlastungsbetrag für Alleinerziehende als Merkmal in der 1998er Stichprobe noch nicht auf. Deshalb wird dieser Betrag als Schät-

3.2 Modellierung des geltenden Steuerrechts

zung bei denjenigen Steuerfällen abgezogen, die einzeln veranlagt werden und einen Kinderfreibetrag geltend machen können.

Kinderfreibeträge / Kindergeld (§§ 31, 32 Abs. 6 EStG)

Berücksichtigung durch Freibeträge (1824 € für das sächliche Existenzminimum sowie 1080 € für die elterliche Betreuung, Verdopplung der Beträge bei Ehegatten, die zusammen veranlagt werden) oder durch Kindergeld (154 € pro Monat für die ersten drei Kinder, 179 € ab dem vierten Kind).

Kindergeld und -freibeträge werden aufgrund der Angaben über Kinder des Steuerpflichtigen berechnet, wobei die FAST-Stichprobendaten nur maximal vier Kinder nachweisen. Zudem wird die Einkommensteuerberechnung einmal mit Abzug von Kinderfreibeträgen vom zu versteuernden Einkommen und einmal ohne Abzug, aber Addition des Kindergeldes durchgeführt und gemäß gesetzlich vorgesehener Günstigerprüfung der niedrigere Betrag als tarifliche Einkommensteuer veranlagt.

Nach Abzug der Kinderfreibeträge vom Einkommen ergibt sich das **zu versteuernde Einkommen**.

3.2.3 Ermittlung der festzusetzenden Einkommensteuer

Bei der Ermittlung der Einkommensteuer müssen im geltenden Recht der Progressionsvorbehalt[31] nach § 32b EStG und die Vorschriften zur Steuersonderberechnung nach den §§ 34, 34b EStG (Behandlung von außergewöhnlichen Einkünften wie z.B. Veräußerungsgewinnen) berücksichtigt werden. Die Daten hierzu sind in der Einkommensteuerstichprobe enthalten, im SOEP jedoch nicht. Deshalb wird bei der FAST-Simulation der Gesamteffekt dieser Vorschriften berechnet und bei der SOEP-Variante hinzugerechnet.

---

31 Ein Progressionsvorbehalt ist nach deutschem Steuerrecht nicht nur bei im Ausland erzielten Einkünften sondern auch bei einer Vielzahl von Lohnersatzleistungen, wie z.B. dem Arbeitslosengeld, zu berücksichtigen. Der (höhere) Steuersatz ergibt sich, wenn die Summe dieser Leistungen bei der Berechnung der Einkommensteuer einbezogen werden.

Steuertarif 2006:

$$ESt = \begin{cases} 0 & für\ zvE \leq 7664 \\ (883,74 \cdot \frac{zvE-7664}{10000}+1500) \cdot \frac{zvE-7664}{10000} & für\ 7664 < zvE \leq 12739 \\ (228,74 \cdot \frac{zvE-12739}{10000}+2397) \cdot \frac{zvE-12739}{10000}+989 & für\ 12739 < zvE \leq 52151 \\ 0,42 \cdot zvE - 7914 & für\ zvE > 52151 \end{cases}$$

Es wird das Ehegattensplitting angewandt, d.h. bei gemeinsamer Veranlagung wird das gemeinsame zu versteuernde Einkommen (zvE) durch 2 geteilt, der tarifliche Einkommensteuerbetrag mittels obiger Formel ermittelt und dieser mal 2 genommen.

Hinzurechnungen und Abzüge

Von der nach der Formel ermittelten tariflichen Einkommensteuer sind abzuziehen:

- ausländische Steuern nach § 34c Abs. 1 und 6 EStG, § 12 AStG (Anrechnung der im Ausland bereits gezahlten Steuer)
- Steuerermäßigung nach § 35 EStG (Anrechnung 1,8 fache des Gewerbesteuer-Messbetrags bei Einkünften aus Gewerbebetrieb)
- Steuerermäßigung für Steuerpflichtige mit Kindern bei Inanspruchnahme erhöhter Absetzungen für Wohngebäude oder der Steuerbegünstigungen für eigengenutztes Wohneigentum (§ 34f Abs. 1, 2 EStG)
- Steuerermäßigung bei Zuwendungen an politische Parteien und unabhängige Wählervereinigungen (§34g EStG) (absetzbar: 50 v.H. der Ausgaben, höchstens 825 bzw. 1650)
- Steuerermäßigung nach § 34f Abs. 3 EStG (Baukindergeld, Steuerermäßigung um 512 € für jedes Kind)
- Steuerermäßigung nach § 35a EStG (Beschäftigung einer Haushaltshilfe, 10%, höchstens 510 € bei geringfügiger Beschäftigung, 12%, höchstens 2400 € sonst)

sowie hinzuzurechnen

- + Steuern nach § 34c Abs. 5 EStG (Ausnahmeregelung zu ausländischen Einkünften bei bestimmten Sachverhalten)
- + Zuschlag nach § 3 Abs. 4 Satz 2 Forstschäden-Ausgleichsgesetz

+ Anspruch auf Zulage für Altersvorsorge nach § 10a Abs. 2 EStG (Ist der Sonderausgabenabzug i.H.v. 1050 günstiger als der Anspruch auf Zulage, so erhöht sich die ESt um den Anspruch auf die Zulage)
+ Kindergeld oder vergleichbare Leistungen, soweit in den Fällen des § 31 EStG das Einkommen um Freibeträge für Kinder gemindert wurde (Entscheidung über Vorteilhaftigkeit von Kindergeld oder Freibetrag)

Nach allen Abzügen und Hinzurechnungen ergibt sich die **festzusetzende Einkommensteuer**.

In den FAST-Daten sind Abzugsbeträge für ausländische Steuern, Baukindergeld und Steuerermäßigung für Zuwendungen gemäß § 34g EStG ausgewiesen und werden entsprechend bei der Simulation abgezogen. Der Gesamteffekt dieser Abzugsbeträge wird beim SOEP, das dazu keine Angaben enthält, abgezogen.

Die Gewerbesteueranrechnung wird nicht berücksichtigt, da sie im Zuge einer umfassenden Unternehmensteuerreform 2001 eingeführt wurde. Gegenläufige Maßnahmen zur Verbreiterung der Bemessungsgrundlage im Rahmen der Reform gleichen den Aufkommenseffekt nach Angaben im Finanzbericht[32] nahezu aus.

Kindergeld wird bei denjenigen Steuerfällen hinzugerechnet, für die eine Berücksichtigung des Kinderfreibetrags günstiger ist.

Im letzten Schritt werden die individuell berechneten Einkommensteuerbeträge mit den durch die oben beschriebene Fortschreibungsmethode angepassten Gewichtungsfaktoren multipliziert und aufsummiert. Dies ergibt das auf die Gesamtpopulation hochgerechnete Gesamtaufkommen der veranlagten Einkommensteuer.

3.3 Modellaufbau Mitschke-Konzept

Die Simulation des Steuersystems nach dem Vorschlag von Mitschke erfolgt ebenfalls auf Basis der Einkommensteuerstichprobe und der SOEP-Daten unter Berücksichtigung der oben beschriebenen Fortschreibung der Daten. Die Berechnung der individuellen Steuerschuld nach dem Mitschke-Konzept ist dabei so gut wie möglich aufgrund der vorhandenen Merkmale aus beiden Datenquellen abzubilden, muss allerdings teilweise mit Aggregaten aus anderen Quellen ergänzt werden, wenn die entsprechenden Informationen nicht in den Mikrodatensätzen enthalten sind.

Darüber hinaus wird bei der Berechnung zwischen der Einführungs- und Endphase unterschieden.

---

32 Vgl. Bundesministerium der Finanzen (2005).

Zentrale Neuerungen im Mitschke-Konzept (Einführungsphase)

- Nachgelagerte Besteuerung von Gewinn- und Renteneinkünften
- Wegfall zahlreicher Steuervergünstigungen
- Änderungen bei Pausch-, Anrechnungs- und Abzugsbeträgen (im Detail siehe unten)
- Dreistufiger Steuertarif mit Spitzensteuersatz 30%
- Familiensplitting

Zusätzliche Änderungen Mitschke Endphase

- Nachgelagerte Besteuerung von Einkünften aus Kapitalvermögen sowie aus Vermietung und Verpachtung
- Besteuerung selbst genutzten Wohneigentums
- Wegfall der Anrechenbarkeit von Parteispenden
- Höhere Anrechenbarkeit von Vorsorgeaufwendungen: keine (absolute) Obergrenze
- Zweistufiger Tarif der Endphase: Eingangssteuersatz 20% / Spitzensteuersatz 30%

Einkommensteuerpflichtig sind natürliche Personen mit Wohnsitz oder gewöhnlichem Aufenthalt im Inland mit ihrem Welteinkommen (unbeschränkte Steuerpflicht), sowie natürliche Personen ohne Wohnsitz oder gewöhnlichen Aufenthalt im Inland mit ihren inländischen Einkünften (beschränkte Steuerpflicht).

Einkünfte aus Land- und Forstwirtschaft
+ Einkünfte aus Gewerbebetrieb
+ Einkünfte aus selbständiger Arbeit
+ Einkünfte aus nichtselbständiger Arbeit
+ Einkünfte aus Kapitalvermögen
+ Einkünfte aus Grundvermögen und sonstigem Sachvermögen
+ Einkünfte aus Versicherungen und Unterhaltsansprüchen
= Summe der Einkünfte
− Verlustabzug
− Privatabzüge (Vorsorgeaufwendungen, besondere Privataufwendungen, Aufwendungen bei außergewöhnlicher Belastung, Kinderfreibeträge, Grundfreibeträge)
= zu versteuerndes Einkommen

Tabelle 2: Schema zur Ermittlung der Einkommensteuer Mitschke-Konzept

3.3 Modellaufbau Mitschke-Konzept

Tabelle 2 zeigt die Berechnung des zu versteuernden Einkommens. Die Summe der Einkünfte ergibt sich durch Addition der sieben Einkunftsarten, deren Definition sich zunächst nur geringfügig vom bisherigen Steuerrecht unterscheidet. Es gilt jedoch das Prinzip der nachgelagerten Besteuerung: Rentenzahlungen und Einkünfte aus Lebensversicherungen unterliegen ebenfalls der Einkommensteuer. Von dieser Summe der Einkünfte werden der Verlustabzug, sowie die Privatabzüge subtrahiert.

3.2.1 Ermittlung der Einkünfte innerhalb jeder Einkunftsart

Tabelle 3: Wegfall von Steuervergünstigungen in Mrd. €

Maßnahme (EStG)	BMG	Aufkommen
Streichung der Steuerfreiheit von Abfindungszahlungen (§3 Nr. 9)	1300	338
Streichung der Steuerfreiheit von Übergangsgeldern (§3 Nr. 10)	160	41,6
Steuerpflicht der Zuwendungen des Arbeitgebers aus anlässlich Eheschließung und Geburt eines Kindes (§3 Nr. 15)	40	10,4
Steuerpflicht der Aufwandsentschädigung nebenberuflicher Tätigkeit als Übungsleiter usw (§3 Nr. 26)	4000	1040
Steuerpflicht des Grundbetrags der Produktionsaufgabenrente und des Ausgleichsgeldes bei Einstellung Landwirtschaftlicher Tätigkeit	130	33,8
Wegfall der Steuerfreiheit der Leistungen der Arbeitgeber zur Betreuung von Arbeitnehmerkinder (§3 Nr. 33)	30	7,8
Steuerpflicht für Bergmannsprämien (§3 Nr. 46)	75	19,5
Streichung der Steuerbefreiung von Trinkgeldern (§3 Nr 51 EStG)	400	104
Steuerpflicht der Zuschläge bei Tätigkeit im Ausland (§3Nr. 64 EStG)	450	117
Steuerpflicht der Zuschläge für Nacht- und Feiertagsarbeit (§3b EStG)	5800	1508
Wegfall des Rabattfreibetrages (§8 Abs. 3 EStG)	270	70,2
Wegfall Abzug doppelte Haushaltsführung §9Abs. 1 Nr 5 EStG	3200	832
Streichung des Freibetrags für Einkünfte aus Land- und Forstwirtschaft (§13 Abs. 3 EStG)	230	59,8
Abschaffung der Ermittlung des Gewinns aus Land- und Forstwirtschaft nach Durchschnittssätzen (§13a EStG)	70	18,2
Streichung der Freibeträge für Veräußerungs- und Aufgabegewinne (§§14a, 16 Abs. 4 EStG)	1300	338
Streichung der Vergünstigung bei Überlassung von Vermögensbeteiligungen an Arbeitnehmer (§19a EStG)	130	33,8
Besteuerung von Veräußerungsgewinnen bei Wertpapieren (§23 EStG)	2000	520
Besteuerung von Veräußerungsgewinnen bei nicht selbst genutzten Grundstücken (§23 EStG)	1000	260
Nichtabführung der Lohnsteuer bei Schiffspersonal (§41a Abs. 4 EStG)	25	6,5
Summe:	20610	5358,6

Bevor auf die Ermittlung der Einkünfte nach den einzelnen den bisher geltenden durchaus ähnlichen Einkunftsarten eingegangen wird, ist zu berücksichtigen, dass Mitschke in seinem Vorschlag eine Vielzahl im aktuellen Recht gültiger Steuervergünstigungen bzw. steuerlicher Ausnahmetatbestände abschafft.

Das Problem einer Erfassung der daraus resultierenden Aufkommenseffekte besteht darin, dass diese im aktuellen Einkommensteuerrecht steuerfreien Beträge bei der Einkommensteuererklärung gar nicht angegeben werden müssen und dementsprechend hierzu keinerlei Angaben in der Einkommensteuerstichprobe enthalten sind. Auch im SOEP sind zu den einzelnen Tatbeständen keine ausreichend detaillierten Werte vorhanden, so dass die Verbreiterung der steuerlichen Bemessungsgrundlage nicht anhand von Mikrodaten berechnet werden kann. In diesem Fall muss auf aggregierte Daten[33] zurückgegriffen werden, mir deren Hilfe der Gesamtaufkommenseffekt abgeschätzt werden kann. In Tabelle 3 werden alle berücksichtigten Tatbestände aufgelistet.

Gewinneinkunftsarten (§§ 14-16)

1. Einkünfte aus Land- und Forstwirtschaft, §14

2. Einkünfte aus Gewerbebetrieb, § 15

3. Einkünfte aus selbständiger Arbeit, § 16

Änderung der Unternehmensbesteuerung

Zur Berechnung der Einkünfte werden zunächst die Merkmale der Einkommensteuerstatistik verwendet. Allerdings ergeben sich durch die Änderung der Unternehmensbesteuerung unmittelbare Änderungen bei den Gewinneinkünften. Im Bereich der Unternehmensbesteuerung wird zunächst angenommen, dass die Gewerbesteuer in ihrer derzeitigen Form erhalten bleibt. Die vorgesehene Besteuerung von Einkünften aus Gewerbebetrieb entspricht einem Übergang zu einer Cash-Flow-Steuer vom S-Base-Typ[34]. Nutzbare Daten zu Nettoausschüttungen bzw. -entnahmen in Deutschland liegen nicht vor, die Unterschiede zwischen der existierenden Bemessungs-

---

33 Die Daten wurden aus Angaben der obersten Finanzbehörden des Bundes und der Länder zusammengestellt.

34 Vgl. Meade Committee (1978). Es wird angenommen, dass die Gewerbesteuer in ihrer aktuellen Form erhalten bleibt.

3.3 Modellaufbau Mitschke-Konzept

grundlage (Körperschaftsteuer und Einkommensteuer) und einer hypothetischen S-Base lassen sich aber auf der Grundlage der Bilanzdatenstatistik der Deutschen Bundesbank approximativ ermitteln[35]. Abbildung 3 illustriert den Unterschied zwischen S-Base und derzeitiger Bemessungsgrundlage im Zeitablauf (in Mrd. DM). Es zeigt sich, dass die S-Base zwar in den meisten Jahren schmaler ist als die bestehende Bemessungsgrundlage, der Unterschied ist aber geringer als üblicherweise behauptet, in einigen Jahren ist die S-Base sogar breiter.

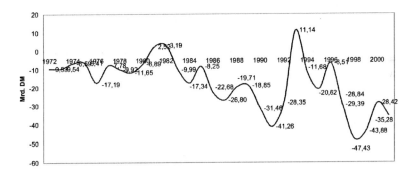

Abbildung 3:
Differenz der Bemessungsgrundlagen zwischen S-Base (Mitschke-Modell) und bestehendem System (Deutschland 1972-2001)[36]

Für die Schätzung der S-Base des Jahres 2005 wird die Entwicklung ihrer Komponenten (bzw. der Komponenten der Differenz zur bestehenden Bemessungsgrundlage wie Investitionen, Abschreibungen usw.) durch eine lineare Regression prognostiziert. Das führt zu dem Ergebnis, dass die Bemessungsgrundlage der S-Base 2005 13,5 Mrd. € geringer ist als die Bemessungsgrundlage des bestehenden Systems. Daraus ergibt sich bei einem angesetzten durchschnittlichen Steuersatz von 26% ein Steueraufkommensverlust in Höhe von 3,5 Mrd. €.

---

35 Siehe hierzu Becker und Fuest (2005a) sowie Becker und Fuest (2005b).
36 Datenbasis: Deutsche Bundesbank, Berechnungsansatz: Becker und Fuest (2005a).

Einkünfte aus nichtselbständiger Arbeit (§ 17)

Bei der Ermittlung der Werbungskosten ergeben sich folgende Änderungen im Vergleich zum Status quo:
- Änderung der Werbungskostenpauschale auf 1200 €
- Änderung der Fahrtkostenpauschale auf 0,40 €

Die Daten der Einkommensteuerstichprobe werden, wenn in den Daten 1998 die Werbungskostenpauschale oder die Kilometerpauschale angesetzt wurde, auf die neuen Beträge umgerechnet. Eventuell nachgewiesene höhere Werbungskosten sind lediglich in den FAST-Daten aufgeführt und werden bei der SOEP-Berechnung durch Regression imputiert. In der SOEP-Berechnung wird die Entfernung zwischen Wohnung und Arbeitsplatz mit der neuen Kilometerpauschale multipliziert und die neue Werbungskostenpauschale angesetzt.

Einkünfte aus Kapitalvermögen (§ 18)

- Wegfall des Sparerfreibetrags
- Die Auswirkungen auf die Dividendeneinkünfte werden im Rahmen der geänderten Unternehmensbesteuerung (aggregierter Effekt von minus 3,5 Mrd. € s.o.) berücksichtigt und von daher aus der Simulationsrechnung ausgeklammert.
- Die Zinseinkünfte werden in der Einführungsphase besteuert, in der Endphase aufgrund des Übergangs zu einer S-Base-Cash-Flow-Besteuerung auch bei den Einkünften aus Kapitalvermögen, bei der nur die Normalverzinsung des eingesetzten Kapitals besteuert wird, nicht mehr.

Aufgrund der geänderten Unternehmensbesteuerung wird angenommen, dass nur noch die Zinseinkünfte zu den Kapitaleinkünften gezählt werden. Dazu wird aus der Geschäftsstatistik zur Einkommensteuer des Statistischen Bundesamtes von 2002 der Anteil der Zins- an den Kapitaleinkünften berechnet (ca. 73%) und in der Einführungsphase als Einkünfte aus Kapitalvermögen angesetzt.

Da die Kapitaleinkünfte im SOEP lediglich auf Haushaltsebene ausgewiesen sind, werden die Kapitaleinkünfte (wie oben) gestützt auf die Daten der ESt-Geschäftsstatistik unter den über 55-jährigen Personen im Haushalt gleichverteilt oder, wenn keine über 55-jährige Person zum Haushalt gehört, dem Haushaltsvorstand und seinem Partner zugerechnet.

3.3 Modellaufbau Mitschke-Konzept

Einkünfte aus Grund- und sonstigem Sachvermögen (§ 19)

- Einkünfte aus Grundstücken, Gebäuden und grundstücksgleichen Rechten
- Einkünfte aus beweglichen Wirtschaftsgütern und Sachgesamtheiten aus beweglichen und unbeweglichen Wirtschaftsgütern
- Einkünfte aus sonstigen, an andere entgeltlich überlassenen Nutzungsrechten.
- In der Endphase: der ortsübliche Mietwert ganz oder teilweise selbst bewohnter Häuser und Eigentumswohnungen.

In der Einführungsphase wird davon ausgegangen, Einkünfte aus Grund- und sonstigem Sachvermögen wie die Einkünfte Vermietung und Verpachtung im geltenden Recht zu behandeln. Entsprechend wird bei der SOEP-Variante eine Verteilung der Einkünfte auf die Haushaltsmitglieder wie bei den Kapitaleinkünften vorgenommen, da auch hier nur Haushaltsangaben ausgewiesen sind. In der Endphase ersetzt die Besteuerung selbst genutzten Wohneigentums die Einkünfte aus Vermietung und Verpachtung. Das SOEP enthält Angaben zu den Einnahmen (Merkmal »fiktive Kaltmiete«) und Ausgaben (Tilgungs- und Zinszahlungen, sowie Instandhaltungskosten) von Eigentümern. Die Ergebnisse dieser Berechnung werden bei der FAST-Variante als Gesamteffekt berücksichtigt.

Einkünfte aus Versicherungen und Unterhaltsansprüchen (§ 20)

- Einkünfte aus der gesetzlichen Sozialversicherung und Versicherungen nichtöffentlicher Versicherungsträger, in Form von Leibrenten, sonstigen wiederkehrenden Bezügen, Kapitalabfindungen sowie Ersatz entgangener und entgehender Erwerbsbezüge.
- Umstellung auf nachgelagerte Besteuerung: Nicht mehr nur der Ertragsanteil wird versteuert, sondern die gesamte Rentenzahlung wird zu den Erwerbsbezügen gezählt. Im Gegenzug wirken sich Beiträge als Erwerbsabzüge aus.
- Einkünfte aus Lebensversicherungen nichtöffentlicher Versicherungsträger (Kapital- und Risikoversicherungen), die nicht unter oben fallen. Dazu gehören auch Einkünfte aus dem Rückkauf der Versicherung.
- Einkünfte aus den bei der Trennung festgesetzten oder vereinbarten Unterhaltsleistungen an den geschiedenen oder dauernd getrennt lebenden Ehegatten und an die Kinder.

In den FAST-Daten von 1998 sind nur diejenigen Fälle aufgeführt, die bei der damals gültigen Besteuerung des Ertragsanteils (von durchschnittlich etwa 25%) der Rente überhaupt steuerpflichtig waren. Bei voller Rentenbesteuerung werden also zusätzliche Rentner steuerpflichtig, die in der Einkommensteuerstatistik nicht berücksichtigt sind. Die aggregierte Aufkommenswirkung der vollen Rentenbesteuerung wird im SOEP-Datensatz, der die Gesamtheit der Rentner und deren Einkommen repräsentativ abbildet, isoliert und bei der FAST-Berechnung hinzugerechnet.

Ermittlung des zu versteuernden Einkommens

Die Summen der Einkünfte aus jeder Einkunftsart bilden die Summe der Einkünfte, von der zur Ermittlung des zu versteuernden Einkommens der Verlustabzug und die Privatabzüge abgezogen werden. Verlustrückträge sind bis zu fünf Jahren zulässig, Verlustvorträge sind unbegrenzt zulässig. Für beide gilt keine betragsmäßige Beschränkung.

Vorsorgeaufwendungen (§ 22)

Vorsorgeaufwendungen sind sämtliche Aufwendungen zur gesetzlichen Sozialversicherung und zu anderen Versicherungen öffentlicher und nichtöffentlicher steuerbegünstigter Versicherungsträger mit Ausnahme von Sach- und Kreditversicherungen; bei fehlendem Nachweis sind bei Einkünften aus nichtselbständiger Arbeit 25% der sozialversicherungspflichtigen Erwerbsbezüge, bei allen anderen Einkunftsarten 5% des Gesamtbetrags der Einkünfte – höchstens jedoch 1.000 € – abzugsfähig.)
  In der Einführungsphase ist der Abzug von Vorsorgeaufwendungen einschließlich des Abzugs der Vorsorgepauschale auf 4.000 €, bei Familienbesteuerung auf 8.000 € begrenzt. Sind in die Familienbesteuerung Kinder einzubeziehen, so erhöhen sich die Höchstbeträge um 2.000 € je Kind.
  Für die Vorsorgeaufwendungen werden die im Gesetzentwurf vorgesehenen Pauschbeträge angesetzt. Bei Einkünften aus nichtselbständiger Arbeit werden möglicherweise nachzuweisende höhere Aufwendungen aus den Sozialversicherungsbeiträgen[37] berechnet. Bei Einkünften nur aus anderen Einkunftsarten werden höhere Aufwendungen aus den fortgeschriebenen Angaben aus 1998 geschätzt.

---

37 Die Ermittlung der Sozialversicherungsbeiträge wird oben bei der Darstellung des Modellaufbaus für das geltende Steuerrecht erklärt.

3.3 Modellaufbau Mitschke-Konzept

Besondere Privataufwendungen (§ 23)

- Unterhaltsleistungen
- Kirchensteuer
- Steuerberatungskosten
- Schulgeld
- Spenden an gemeinnützige Einrichtungen
- Zuwendungen an politische Parteien bis zur Höhe von 1.700 € bzw. 3.400 € bei Familienbesteuerung – nur in der Einführungsphase

→ Ohne Nachweis erfolgt ein pauschaler Abzug für die besonderen Privataufwendungen in Höhe von 200 €.

Bei den Besonderen Privataufwendungen kann größtenteils auf Merkmale aus der Einkommensteuerstatistik zurückgegriffen werden. Auch hier werden die Angaben der Steuerpflichtigen zu Unterhaltsleistungen, Steuerberatungskosten, Schulgeld und Spenden (wobei Parteispenden nur in der Einführungsphase geltend gemacht werden dürfen) fortgeschrieben. Bis auf Unterhaltsleistungen und Kirchensteuer müssen die FAST-Ergebnisse in der SOEP-Berechnung imputiert werden, da dort entsprechende Angaben fehlen.

Aufwendungen bei außergewöhnlicher Belastung (§ 24)

- Geburt eigener Kinder, Krankheit, Tod des Steuerpflichtigen oder naher Angehöriger
- Behinderung (Pauschbeträge gestaffelt nach dem Grad der Behinderung von 500-6.000 €), dauerhafte Pflege (Pauschbetrag 6.000 €), Heimunterbringung (24.000 €)
- Bei dauerhafter Pflegebedürftigkeit sind die Kosten für die Beschäftigung einer Haushaltshilfe bis zu 18.000 € absetzbar
- Unterhaltsaufwendungen für Unterhaltsberechtigte bis zum Grundfreibetrag.

Zu außergewöhnlichen Belastungen nach § 33 EStG (geltendes Recht), Haushaltshilfe, Heim- oder Pflegeunterbringung und Unterhaltsaufwendungen werden die vorhandenen Daten der Einkommensteuerstichprobe fortgeschrieben verwendet und dabei die neuen Pauschbeträge berücksichtigt. Bei den Pauschbeträgen bei Behinderung kann aus den in der Einkommensteuerstichprobe angegebenen Beträgen auf den Grad der Behinderung geschlossen werden, für den nun jeweils der bei Mitschke vorgesehene Pauschbetrag angesetzt wird. In den SOEP-Daten sind sowohl die Pflegestufe als auch der Grad der Behinderung ausgewiesen, so dass daraus die entsprechenden Werte berechnet werden können.

Kinderfreibeträge (§ 25)

- Bis zum 12. Lebensjahr 5.000 € (+1.200 € bei Alleinerziehenden)
- Vom 12. bis zum 18. Lebensjahr 6.500 €
- Vom 18. bis zum 27. Lebensjahr unter bestimmten Voraussetzungen 7.500 €
- bei auswärtiger Unterbringung erhöhen sich die Beträge um 3.000 €

Das Kindergeld wird wie im geltenden Recht angesetzt, wobei auch hier nur Angaben für 1-4 Kinder in den FAST-Daten enthalten sind. Der Kinderfreibetrag setzt sich zusammen aus möglichen Ausbildungsfreibeträgen (hierzu werden bei der FAST-Berechnung die Angaben aus der Einkommensteuerstatistik verwendet mit einer Obergrenze von 3.000 €), dem Freibetrag für Alleinerziehende (wird pauschal bei einzeln Veranlagten mit Kindern angesetzt) und dem zwischen unter 12, 12-18 und über 18-jährigen differenzierten Kinderfreibeträgen. Diese Altersdifferenzierung ist allerdings nur für den Teil der Steuerpflichtigen mit entsprechenden Angaben zum Alter der Kinder möglich. Aufgrund der Anonymisierung des Datenmaterials wird für die Steuerpflichtigen ohne differenzierte Altersangaben pauschal der Betrag für unter 12jährige angenommen; die Kinderfreibeträge werden bei der FAST-Variante also insgesamt unterschätzt. Die Angaben hierzu sind im SOEP nahezu vollständig, hingegen fehlt das Merkmal auswärtiger Unterbringung. Nach Berechnung der Einkommensteuer erfolgt eine Günstigerprüfung.

Grundfreibetrag (§ 26)

Der Grundfreibetrag beträgt 7.500 €, im Falle der Familienbesteuerung 15.000 €.

Nach allen genannten Abzugsbeträgen ergibt sich das **zu versteuernde Einkommen**.

3.3.3 Ermittlung der Einkommensteuer gemäß Mitschke-Konzept

Anwendung des Grundtarifs

- Das zu versteuernde Einkommen wird auf 100 € abgerundet und bis zu 4.000 € mit 20% versteuert.
- Bei einem Einkommen über 4.000 € wird der 4.000 € übersteigende Betrag mit 30% versteuert zuzüglich 800 €.

[In der Einführungsphase:
- Das zu versteuernde Einkommen wird auf 100 € abgerundet und bis zu 3.000 € mit 15% versteuert.
- Bei einem Einkommen zwischen 3.000 € und 5.000 € wird der 3.000 € übersteigende Betrag mit 22% versteuert zuzüglich 450 €.
- Bei einem Einkommen über 5.000 € wird der 5.000 € übersteigende Betrag mit 30% versteuert zuzüglich 890 €.]

Anwendung des Tarifs bei Familienbesteuerung

Die Ehegatten sowie ihre Kinder bilden die Besteuerungseinheit. Das zu versteuernde Einkommen wird auf 100 € abgerundet und durch den Splittingfaktor dividiert. Auf dieses Splittingeinkommen wird der Steuertarif angewendet. Der Einkommensteuerbetrag wird wiederum mit dem Splittingfaktor multipliziert, um so die Einkommensteuerschuld zu ermitteln. Bei gemeinsamer Veranlagung beträgt der Faktor 2,0 plus 0,5 pro Kind; bei getrennter Veranlagung für jeden Ehegatten 1,0 plus 0,25 pro Kind. Alleinerziehende wenden den Faktor 1,0 plus 0,5 pro Kind an.

3.4 Modellierung staatliches Transfersystem

Zur Simulation der Arbeitsangebotswirkungen wird bei der Berechnung der verfügbaren Nettoeinkommen neben dem Steuer- auch das Transfersystem modelliert. Von den staatlichen Transfers werden im FiFoSiM Arbeitslosengeld I und II, Wohngeld und Sozialhilfe simuliert. Weitere Transfers (wie z.B. BAföG, Unterhaltsansprüche, Kurzarbeiter- und Wintergeld) werden in Höhe der in den Daten angegebenen Werte angesetzt und als exogen betrachtet.

3.4.1. Arbeitslosengeld I

Gesetzliche Regelung

Das Dritte Sozialgesetzbuch (SGB III – Arbeitsförderung) kodifiziert die Regelungen zum Arbeitslosengeld I (ALG I). Dieses erhalten bei der Bundesagentur für Arbeit als Arbeit suchend gemeldete Arbeitslose, die innerhalb von drei Jahren vor Beginn der Arbeitslosigkeit mindestens für 12 Monate sozialversicherungspflichtig beschäftigt gewesen waren.

Die Höhe des ALG I richtet sich nach dem auf einen Tag entfallenden, versicherungspflichtigen Bruttoarbeitsentgelt. Von diesem (Brutto-)Bemessungsentgelt werden eine Pauschale i.H.v. 21% für die anfallenden Sozialversicherungsbeiträge, sowie die individuelle Lohnsteuer inkl. Solidaritätszuschlag abgezogen. Das Arbeitslosengeld beträgt schließlich 60% (67% für Arbeitslose mit Kind) des so pauschalierten letzten Nettoarbeitsentgelts.

Die Dauer des Bezugs von ALG I hängt vom Alter und der Dauer der versicherungspflichtigen Beschäftigung ab (vgl. Tabelle 4).

Altregelung bis 31.1.2006			Neuregelung ab 01.02.2006		
Beschäftigung	Alter	Bezugsdauer	Beschäftigung	Alter	Bezugsdauer
12		6	12		6
16		8	16		8
20		10	20		10
24		12	24		12
30	45	14	30	55	15
36	45	18	36	55	18
44	47	22			
52	52	26			
64	57	32			

Tabelle 4: Dauer des Anspruchs auf Arbeitslosengeld I in Monaten

Umsetzung im Modell

In den SOEP-Daten sind aufgrund der Panelstruktur Informationen über den bisherigen Bezug von Arbeitslosengeld oder -hilfe, Dauer der bisherigen versicherungspflichtigen Beschäftigung, etc. enthalten. Bei der Simulation unterschiedlicher Arbeitszeiten wird für jede Person geprüft, ob sie

3.4 Modellierung staatliches Transfersystem 49

unter den verschiedenen Arbeitszeiten jeweils Anspruch auf Arbeitslosengeld hätte. Dies wird angenommen für Personen, die entweder tatsächlich Arbeitslosengeld bezogen haben oder die sozialversicherungspflichtig beschäftigt sind und innerhalb der letzten 36 Monate mindestens 12 Monate in einer beitragspflichtigen Beschäftigung tätig waren. Die Höhe des Arbeitslosengeldes für Personen, für die ein (potentieller) Arbeitslosengeldanspruch ermittelt wurde, wird berechnet, indem das letzte Bruttoarbeitsentgelt zunächst pauschal um 21% (Sozialversicherungsbeiträge) gemindert und anschließend um die simulierte Lohnsteuer inkl. Solidaritätszuschlag gekürzt wird. Von dem so ermittelten Nettoarbeitsentgelt werden bei Personen ohne Kindern 60% und bei Personen mit Kindern 67% als potentielles Arbeitslosengeld angesetzt. Das nach Abzug von Sozialversicherungsbeiträgen und Einkommensteuer verbleibende Nettoeinkommen wird anschließend gemäß § 141 SGB III auf das potentielle Arbeitslosengeld angerechnet. Bleibt auch nach der Einkommensanrechnung ein Arbeitslosengeldanspruch bestehen, wird dem Haushalt ein entsprechender Transfer zugewiesen.

3.4.2 Arbeitslosengeld II

Gesetzliche Regelung

Das Arbeitslosengeld II (ALG II) gemäß SGB II (Grundsicherung für Arbeitssuchende) hat im Zuge der Hartz-Reformen die Arbeitslosenhilfe und die Sozialhilfe als Grundsicherung bei erwerbsfähigen Personen abgelöst. Einen Anspruch auf ALG II haben alle erwerbsfähigen Hilfebedürftigen zwischen 15 und 65 Jahren sowie die im gemeinsamen Haushalt lebenden Angehörigen (Bedarfsgemeinschaft). Das Arbeitslosengeld II wird dann gewährt, wenn kein Anspruch auf Arbeitslosengeld I mehr besteht.

Anders als das ALG I orientiert sich das ALG II nicht an dem letzten Nettolohn, sondern an der Bedürftigkeit des Empfängers. Als hilfebedürftig gilt hierbei, wer den eigenen Bedarf und den seiner im gemeinsamen Haushalt lebenden Angehörigen und Partner aus eigenen Mitteln nicht oder nur teilweise decken kann. Die Leistungen entsprechen in der Regel dem Niveau der Sozialhilfe, die entsprechenden Eckregelsätze sind in Tabelle 5 aufgelistet. Hinzu kommen wenn nötig Unterkunfts- und Heizkosten.

Bundesland	Eckregelsatz Haushaltsvorstand	Haushaltsangehörige	
		bis zum 14. Lebensjahr (60% des Eckregelsatzes)	ab dem 14. Lebensjahr (80% des Eckregelsatzes)
Baden-Württemberg	345	207	276
Bayern	341	205	273
Berlin	345	207	276
Brandenburg	331	199	265
Bremen	345	207	276
Hamburg	345	207	276
Hessen	345	207	276
Mecklenburg-Vorpommern	331	199	265
Niedersachsen	345	207	276
Nordrhein-Westfalen	345	207	276
Rheinland-Pfalz	345	207	276
Saarland	345	207	276
Sachsen	331	199	265
Sachsen-Anhalt	331	199	265
Schleswig-Holstein	345	207	276
Thüringen	331	199	265
rechnerischer Durchschnitt			
Deutschland	340	204	272
früheres Bundesgebiet	345	207	276
Neue Länder u. Berlin-O	331	199	265

Tabelle 5: Eckregelsätze der laufenden Hilfe zum Lebensunterhalt in €

Umsetzung im Modell

Das ALG II wird im FiFoSiM wie die Sozialhilfe modelliert, indem für jede Person im Haushalt die entsprechenden Regelsätze als Bedarf angesetzt und der Sozialhilfeanspruch mit dem Nettohaushaltseinkommen verrechnet werden.

3.4.3 Sozialhilfe

Gesetzliche Regelungen

Die Sozialhilfe (SGB XII – Sozialhilfe) in Deutschland ist eine öffentliche Hilfeleistung für Menschen, die den eigenen Lebensunterhalt nicht (ausreichend) sicherstellen können. Die Höhe der Sozialhilfe bemißt sich zunächst gemäß des Eckregelsatzes (vgl. Tabelle 5). Leistungen zum Lebensunterhalt nach dem SGB XII erhalten seit der Einführung des ALG II lediglich Personen, die nicht erwerbsfähig sind. In außergewöhnlichen Notsituationen, zum Beispiel bei gesundheitlichen oder sozialen Beeinträchtigungen, wird Hilfe in besonderen Lebenslagen gewährt.

Umsetzung im Modell

Auch bei der Simulation der Sozialhilfe in Form der laufenden Hilfe zum Lebensunterhalt werden für jede Person im Haushalt die entsprechenden Regelsätze des jeweiligen Bundeslandes verwendet und mit dem entsprechenden Haushaltsnettoeinkommen verrechnet. Die Hilfe in besonderen Lebenslagen kann aufgrund fehlender Informationen in den Daten nicht modelliert werden.

3.4.4 Wohngeld

Gesetzliche Regelung

Wohngeld wird gemäß Wohngeldgesetz auf Antrag sowohl an Mieter (»Mietzuschuss«) als auch an Eigentümer (»Lastenzuschuss«) gezahlt. Ob Wohngeld gewährt wird, hängt von der Zahl der zum Haushalt gehörenden Familienmitglieder, der Höhe des Einkommens, der zuschussfähigen Miete oder Belastung, sowie der so genannten »Mietstufe«, die der jeweiligen Gemeinde unter Berücksichtigung des dortigen Mietenniveaus zugeordnet ist, ab.

Das Jahreseinkommen im Sinne dieses Gesetzes ist die Summe der positiven Einkünfte jedes zum Haushalt rechnenden Familienmitgliedes abzüglich diverser Pauschbeträge für besondere Belastungen. Für gezahlte Sozialversicherungsbeiträge und Einkommensteuer werden ebenfalls pauschale Kürzungen vorgenommen. Wohngeld wird maximal bis zur zuschussfähigen Miete, die wiederum abhängig von der Anzahl der Familienmitglieder, der Mieteinstufung der Gemeinde sowie dem Alter und der Ausstattung der Wohnung ist, gewährt. Liegt die tatsächliche Miete unter der zuschussfähigen Miete, wird nur die tatsächliche Miete berücksichtigt, andernfalls nur der zuschussfähige Betrag. Als Belastung bei Eigentümern werden Aufwendungen für den Kapitaldienst und für die Bewirtschaftung des Eigentums berücksichtigt.

Umsetzung im Modell

Zunächst wird das anzurechnende Haushaltseinkommen durch Summierung der individuellen Einkommen unter Anwendung der jeweiligen Pauschbeträge ermittelt. Die Mietstufe der jeweiligen Gemeinde kann aufgrund fehlender Informationen nicht im Einzelnen ermittelt werden, so dass für die Höchstbeträge der zuschussfähigen Miete gewichtete Durchschnitte angesetzt werden.

4. Simulation der Arbeitsangebotswirkungen

Das zweite Modul von FiFoSiM erlaubt die Simulation von Verhaltensanpassungen in Form von Arbeitsangebotsreaktionen als Folge einer Steuerreform. Derartige Anpassungsreaktionen sind zum einen von Interesse, weil sie die Steueraufkommenseffekte von Steuerreformen beeinflussen. Darüber hinaus verfolgen Steuerreformen in der Regel auch das Ziel, positive Beschäftigungs- und Wachstumsimpulse zu setzen. Dabei sind Arbeitsangebotswirkungen wichtig, sofern eine Zunahme des Arbeitsangebots tatsächlich zu mehr Beschäftigung führen kann. Dies ist dann gegeben, wenn mangelnde Arbeitsanreize Ursache für die Unterbeschäftigung sind. Wenn jedoch unfreiwillige Arbeitslosigkeit vorliegt, ist dies allerdings definitionsgemäß nicht der Fall. Dann hängt der Beschäftigungseffekt von Steuerreformen allein von den Wirkungen auf die Arbeitsnachfrage ab. Diesen Fall untersuchen wir in Kapitel 5. Im Folgenden betrachten wir zunächst die Arbeitsangebotswirkungen.

4.1 Das Arbeitsangebotsmodell von Van Soest (1995)

Bei dem diskreten Haushaltsarbeitsangebotsmodell von Van Soest (1995) handelt es sich um ein statisches strukturelles Arbeitsangebotsmodell, das die Arbeitsangebotsentscheidung der Haushaltsmitglieder als diskretes Problem der Wahl zwischen einer begrenzten Anzahl von möglichen Arbeitszeiten betrachtet. Diese Vorgehensweise reduziert den Rechenaufwand deutlich und ermöglicht daher eine detailliertere Berücksichtigung des Steuer- und Transfersystems sowie eine komplexere stochastische Spezifikation im Vergleich zu (traditionellen) kontinuierlichen Modellen[38].

4.1.1 Das diskrete Entscheidungsproblem

Bei dem von Van Soest (1995) gewählten strukturellen Ansatz wird davon ausgegangen, dass die Parameter, die in die direkte Nutzenfunktion eingehen, geschätzt werden können und auf diese Weise das nutzenmaximierende Verhalten abgeleitet werden kann. Der Haushalt maximiert seine Nutzen-

---

[38] Einen Überblick über die unterschiedlichen Modellvarianten bieten Blundell und MaCurdy (1999), Creedy et al. (2002) und speziell für die kontinuierlichen Modelle Hausman (1985).

funktion unter der Nebenbedingung seiner dreidimensionalen (bzw. für Singles zweidimensionalen) Budgetrestriktion[39].

In dem Modell von Van Soest (1995) hat der Haushalt i ($i = 1, ..., N$) die Wahl zwischen einer endlichen Anzahl von Kombinationen (y_{ij}, lm_{ij}, lf_{ij}) mit $j = 1, ..., J$, wobei y_{ij} das Nettohaushaltseinkommen, lm_{ij} die Freizeit[40] (*leisure*) des Mannes und lf_{ij} die Freizeit der Frau von Haushalt i bei Kombination j bezeichnet. Die Freizeit ergibt sich aus folgender Beziehung: $lm_{ij} = TE - hm_{ij}$ bzw. $lf_{ij} = TE - hf_{ij}$, wobei TE für das Zeitbudget (*time endownment*) pro Woche[41] und hm_{ij} bzw. hf_{ij} für die Arbeitszeit von Mann bzw. Frau stehen. nimmt an, dass die Arbeitszeiten ein Vielfaches eines bestimmten Intervalls IL sind: $hm_{ij} = jmIL$ bzw. $hf_{ij} = jfIL$ mit $jm \in \{0,1, ..., m_{ind} - 1\}$ bzw. $jf \in \{0,1, ..., m_{ind} - 1\}$, wobei m_{ind} die Anzahl der Arbeitszeitkategorien beschreibt. Es ergeben sich somit m^2_{ind} mögliche Arbeitszeitkategoriekombinationen. Aufgrund der in Stunden vorliegenden Daten würde sich eine Intervalllänge von $IL = 1$ anbieten. Aus praktischen Gründen wählt man in der Regel jedoch eine Intervalllänge von $IL = 12$ oder $IL = 10$ mit den entsprechenden Werten $m_{ind} = 5$ bzw. $m_{ind} = 6$. Diese Reduktion auf 25 bzw. 36 mögliche Kombinationen verringert den Rechenaufwand erheblich. Es entstehen jedoch Nachteile durch die Vernachlässigung von Informationen und durch Rundungsfehler. Van Soest (1995) entscheidet sich in seinem Grundmodell[42] für sechs Kategorien (0, 10, 20, 30, 40, 50 Stunden), während wir auf Basis der vorliegenden SOEP-Daten drei Kategorien für Männer (nicht-beschäftigt, beschäftigt mit 1-40 Stunden oder beschäftigt mit mehr als 40 Stunden (Überstunden)) und fünf Kategorien für Frauen (nicht-beschäftigt, zwei Teilzeitkategorien [1-15 und 16-34], Vollzeit [35-40] und Überstunden) unterscheiden[43].

---

39 In diesem Zusammenhang wird infolge des reduzierten Rechenaufwands im Vergleich zu einem kontinuierlichen Modell ein weiterer Vorteil des diskreten Ansatzes deutlich, da im diskreten Fall nicht die gesamte Budgetrestriktion, sondern nur einzelne Punkte geschätzt werden müssen. Darüber hinaus erscheint eine beschränkte Anzahl von möglichen Arbeitszeiten – zumindest für abhängig Beschäftigte – realistischer als ein Kontinuum von Möglichkeiten, da Arbeitnehmer in der Realität – zum Teil durch gesetzliche und tarifliche Regelungen bedingt – nur die Auswahl aus einer begrenzten Anzahl von Arbeitszeitverträgen haben. Die diskrete Entscheidung für eine der möglichen Alternativen repräsentiert im Allgemeinen jedoch nicht das globale Maximum (keine Tangentiallösung).

40 Mit Freizeit wird hier – wie in der Literatur üblich – die Zeit bezeichnet, die nicht für bezahlte Arbeit verwendet wird (vgl. hierzu z.B. Van Soest und Das (2001)).

41 Van Soest (1995) setzt $TE = 80$ Stunden. Dies erscheint willkürlich, aber Van Soest (1995) und Van Soest und Euwals (1999) zeigen, dass eine Änderung des Wertes von TE keinen signifikanten Einfluss auf die Ergebnisse hat.

42 Van Soest (1995) präsentiert darüber hinaus noch drei Erweiterungen seines Grundmodells (Fehler bei der Einkommensschätzung, beschränkte Verfügbarkeit von Teilzeitjobs, zufällige Präferenzen).

4.1 Das Arbeitsangebotsmodell von Van Soest (1995)

Die Nutzenfunktion

Es wird angenommen, dass der Haushaltsvorstand und sein Partner eine gemeinsame Nutzenfunktion – in Hinblick auf die gegebenen Variablenkombinationen – maximieren und die Arbeitsangebotsentscheidung dieser beiden separabel von den Entscheidungen der anderen Haushaltsmitglieder ist. Single-Haushalte sind als Spezialfall in der Spezifikation der Nutzenfunktion enthalten. Die direkte Nutzenfunktion wird wie bei Van Soest (1995) als Translog-Funktion[44] mit den Argumenten Nettohaushaltseinkommen sowie Freizeit von Mann und Frau für eine bestimmte Arbeitszeitkategorie j spezifiziert. In Matrixschreibweise lässt sich die Funktion wie folgt darstellen:

$$V_{ij}(\chi_{ij}) = \chi'_{ij} A \chi_{ij} + \beta' \chi_{ij} \tag{1}$$

Hierbei beschreibt $\chi = (\ln y_{ij}, \ln lm_{ij}, \ln lf_{ij})'$ den Vektor der nutzenstiftenden Größen (die in der Stichprobe beobachtet werden), $\beta = (\beta_1, \beta_2, \beta_3)'$ den Vektor der (zu schätzenden) Koeffizienten der linearen Terme und $A = (a_{ij})$ die (symmetrische) (3×3) – Matrix der (zu schätzenden) Koeffizienten der quadratischen und der Kreuzterme. Durch Umformungen erhält man die folgende Gleichung, in der die (im Logarithmus) quadratische Struktur der Nutzenfunktion und die Berücksichtigung sämtlicher Interaktionsterme zwischen den Variablen deutlich wird:

$$\begin{aligned}V_{ij}(x_{ij}) =\ & \beta_1 \ln y_{ij} + \beta_2 \ln lm_{ij} + \beta_3 \ln lf_{ij} + \alpha_{11}(\ln y_{ij})^2 + \alpha_{22}(\ln lm_{ij})^2 \\ & + \alpha_{33}(\ln lf_{ij})^2 + 2\alpha_{12} \ln y_{ij} \ln lm_{ij} + 2\alpha_{13} \ln y_{ij} \ln lf_{ij} + 2\alpha_{23} \ln lm_{ij} \ln lf_{ij}\end{aligned} \tag{2}$$

Beobachtbare Heterogenität aufgrund unterschiedlicher Präferenzen der Haushalte kann durch folgende Formulierung der Parameter β_m, α_{mn} eingeführt werden:

---

[43] Bei der Simulation werden die jeweiligen Klassenobergrenzen als Arbeitszeit für die entsprechenden Personen angesetzt, für die Kategorie Überstunden sind dies 48 bei Männern und 45 bei Frauen.

[44] Hierbei handelt es sich um eine flexible funktionale Form einer (Nutzen-)Funktion, die dadurch charakterisiert ist, dass sie eine lokale Taylor-Approximation zweiter Ordnung an eine beliebige, zweimal stetig differenzierbare Funktion darstellt (vgl. hierzu Christensen et al. (1971)).

$$\beta_m = \sum_{p=1}^{P} \beta_{mp} z_p \qquad (3)$$

$$\alpha_{mn} = \sum_{p=1}^{P} \alpha_{mnp} z_p \qquad (4)$$

mit $m, n = 1, 2, 3$ wobei die z_p ($p = 1, ..., P$) Kontrollvariablen (bzw. deren Beobachtungen) zur Erklärung von Unterschieden zwischen den Haushalten darstellen[45]. Wir kontrollieren das Vorliegen von beobachtbarer Heterogenität in den Haushaltspräferenzen durch die Einführung von Kontrollvariablen für Alter und Gesundheitsstatus der Partner, Anzahl und Alter der Kinder im Haushalt sowie Wohnregion (Ost oder West) und Nationalität.

Um sicherzustellen, dass das Haushaltsnutzen-Modell mit der zugrunde liegenden ökonomischen Theorie übereinstimmt, muss gewährleistet sein, dass die Nutzenfunktion konkav (erste Ableitung positiv, zweite negativ) im Nettohaushaltseinkommen y ist und der Nutzen mit steigender Freizeit eines der Partner ebenfalls steigt[46]. Die ersten Ableitungen der Nutzenfunktion in Bezug auf die Freizeit beider Partner sollen positiv, die zweiten Ableitungen negativ sein. Das Vorzeichen der Kreuzableitungen ist hingegen theoretisch nicht eindeutig und hängt davon ab, inwiefern es sich bei Konsum und Freizeit der Partner um Substitute oder Komplemente handelt. Diese theoretischen Überlegungen werden in dem diskreten Modell von Van Soest (1995) jedoch nicht durch Nebenbedingungen ex ante erzwungen, sondern nach jedem Simulationsschritt ex post überprüft. Bei Verletzung dieser Bedingungen erfolgt eine entsprechende Anpassung der Likelihood-Funktion[47], um die Erfüllung dieser Anforderungen sicherzustellen.

---

[45] Unbeobachtbare Heterogenität zwischen den Haushalten kann durch Einführen von Störtermen in die Analyse einbezogen werden (vgl. hierzu z.B. Van Soest und Das (2001)). Wir verzichten jedoch auf diese Option, da Haan (2004) zeigt, dass die Ergebnisse nicht signifikant verschieden sind.

[46] Vgl. hierzu und zu dem Folgenden auch: Steiner und Wrohlich (2004), S. 9 f.

[47] Die Likelihood-Funktion ergibt sich für vorgegebene (exogene) Parameterwerte bei veränderlichen (endogenen) Variablenausprägungen als gemeinsame Dichte- bzw. Wahrscheinlichkeitsfunktion, die sich aufgrund geeigneter Unabhängigkeitsannahmen als Produkt der Einzelwahrscheinlichkeiten ergibt (vgl. hierzu und zu dem Folgenden: Eckey et al. (2001) und Greene (2003)). Bei der Maximum-Likelihood-Methode werden nun die Variablenwerte als gegeben und die Parameterwerte als veränderlich angesehen und zur Schätzung der Parameter wird die Likelihood-Funktion maximiert. Die Likelihood-Funktion gibt in diesem Fall streng genommen keine Wahrscheinlichkeit für die Parameterwerte an, sondern ist eher als Plausibilitätsmaß für eine bestimmte Parameterkonstellation, gegeben die Beobachtungen, zu interpretieren.

4.1.3 Das diskrete Auswahlmodell

McFadden (1973) führt zwecks wirtschaftstheoretischer Fundierung seines Logit-Modells das Prinzip der stochastischen Nutzenmaximierung (*random utility maximisation*) in die Analyse ein. Die grundlegende Annahme ist, dass sich der Nutzen eines Individuums i bei Wahl der Alternative j, gegeben die Einflussfaktoren (Attribute) a_{ij}, als Summe eines für alle Individuen mit gleichen Attributen identischen Nutzens und einer individuenspezifischen Komponente zusammensetzt, also aus der Summe des Nutzens entsprechend einer durchschnittlichen, erwarteten Vorliebe der Bevölkerung für die Alternative j und dem Nutzen aus einer individuellen Präferenzkomponente. Die Attribute erfassen Angaben über die individuelle Attraktivität der Alternative j für ein Individuum i, aber auch sozio-ökonomische Charakteristika wie z.B. Alter, Einkommen, Geschlecht. Wenn man aus Vereinfachungsgründen eine gewichtete lineare Verknüpfung der Menge der Attribute zulässt und die individuelle Komponente als Zufallsvariable auffasst, dann hat das Individuum i aus der Alternative j den Nutzen:

$$U_{ij} = E(U_{ij}) + \varepsilon_{ij}.$$

Die bedingte Wahrscheinlichkeit, dass ein zufällig ausgewähltes Individuum i unter J verschiedenen Möglichkeiten die Alternative k wählt, ist dann

$$P_i(k \mid J) = P(U_{ik}) > U_{ij}$$

für alle anderen $(J - 1)$ Alternativen j. Unterstellt man für die Zufallsvariablen ε_{ij}, dass diese unabhängig (zwischen Individuen und Alternativen) und identisch extremwertverteilt sind, dann lässt sich aus diesen Annahmen die folgende Umformung für die Wahrscheinlichkeit ableiten, dass Individuum i die Alternative k wählt:

$$P_{ik} = \frac{\exp(x'_{ik}\beta + z_i\delta)}{\sum_{j=1}^{J} \exp(x'_{ij}\beta + z_i\delta)}$$

Die Attribute a_{ij} werden unterteilt in Variablen v mit individuenspezifischer Charakterisierung der Alternative j und alternativenunabhängigen Variablen z_i (z.B. Alter oder Geschlecht)[48].

---

48 Problematisch bei diesem Modellierungsansatz ist die daraus resultierende Unabhängigkeit von irrelevanten Alternativen (*independence of irrelevant alternatives*, IIA), die bedeutet, dass bei diesem Ansatz die Entscheidung zwischen den Alternativen k und j unabhängig von allen anderen Alternativen ist. Diese Unabhängigkeit ist in der Realität i.d.R. jedoch nicht gegeben.

Zur Modellierung der Arbeitsangebotsentscheidung mithilfe eines stochastischen diskreten Auswahlmodells (*discrete choice model*)[49] ist eine Erweiterung der Nutzenfunktion um einen stochastischen Störterm ε_{ij} erforderlich[50]:

$$U_{ij}(x_{ij}) = V_{ij}(x_{ij}) + \varepsilon_{ij} \qquad (5)$$
$$= x'_{ij}Ax_{ij} + \beta'x_{ij} + \varepsilon_{ij}$$

Diese Gleichung beschreibt den Zufallnutzen, der von McFadden (1973) durch das Prinzip der stochastischen Nutzenmaximierung (*random utility maximisation*)[51] zur wirtschaftstheoretischen Fundierung multinominaler Logit-Modelle[52] eingeführt wurde. Der Nutzenindex U_{ij} wird in eine deterministische Komponente V_{ij} und einen stochastischen Störterm ε_{ij} zerlegt. Die Spezifikation des ökonometrischen Modells basiert auf der Annahme,

---

49 Diskrete Auswahlmodelle (*discrete choice models*) analysieren das Verhalten von Individuen bei ihrer Wahl zwischen einer begrenzten Menge von Alternativen. Hier wird die Arbeitsangebotsentscheidung als Auswahl zwischen einer beschränkten Anzahl diskreter Möglichkeiten modelliert. Technisch handelt es sich um eine kategoriale abhängige Variable, die nur durch Wahrscheinlichkeitsprognosen in einem Logit- oder Probit-Modell geschätzt werden kann. Im Rahmen dieser Modelle wird nicht die kategoriale abhängige Variable selbst, sondern die Wahl- oder Verhaltensneigung des Individuums als lineares Modell spezifiziert.
50 Dieser Störterm kann z.B. als Optimierungsfehler des Haushalts interpretiert werden (vgl. hierzu Van Soest et al. (2002)).
51 Vgl. hierzu und zu dem Folgenden auch McFadden (1981) und McFadden (1985), sowie Greene (2003). Random Utility Maximation-Modelle lassen sich als eine Variante von Modellen mit latenten Variablen interpretieren und liefern so einen mit der Nutzenmaximierung konsistenten Rahmen für die ökonometrische Analyse diskreter Wahlentscheidungen. Latente Variablen stellen ein allgemeines Konstrukt zur statistischen Fundierung von Modellen mit kategorialer abhängiger Variable dar. Die latente Variable ist unbeobachtbar, steuert aber die beobachtbare Variable und wird im Allgemeinen als Verhaltensneigung interpretiert. Die Verteilungsannahme über die latente Variable schlägt sich in der Spezifikation der Likelihood-Funktion nieder.
52 Multinominale Logit-Modelle (MLM) gehören zu der Klasse der diskreten Auswahlmodelle (discrete choice models), die das Verhalten von Individuen bei Ihrer Wahl zwischen einer begrenzten Menge von Alternativen analysieren (vgl. hierzu und zu dem Folgenden Greene (2003), Ronning (1991) und Train (2003)). Das MLM stellt eine Erweiterung der binären logistischen Regression auf eine kategoriale abhängige Variable mit mehr als zwei Ausprägungen dar. Die Ausprägungen werden nicht als geordnet, sondern als Kategorien einer nominalskalierten Variablen interpretiert. Bei Logit-Modellen wird die Wahrscheinlichkeit, dass die abhängige Variable einen bestimmten Wert annimmt, modelliert. Mithilfe der sog. Odds, dem Chancenverhältnis dieser Wahrscheinlichkeit zur Gegenwahrscheinlichkeit, lassen sich durch einige geeignete Transformationen die entsprechenden Parameter in einer Regressionsgleichung durch die Maximum-Likelihood-Methode schätzen.

4.1 Das Arbeitsangebotsmodell von Van Soest (1995)

dass jeder Haushalt diesen erwarteten Nutzen aus Nettoeinkommen und Freizeit beider Partner aufgrund der Wahl einer bestimmten Arbeitszeitkategorie für alle möglichen Kombinationen vergleicht. Unter der Annahme gemeinsamer Nutzenmaximierung wird der Haushalt die Arbeitszeitkategorie k genau dann wählen, wenn der Nutzen in dieser Kategorie größer ist als in jeder möglichen anderen Kategorie $l \in \{1, ..., J\}\{k\}$, falls also $U_{ik} > U_{il}$. Die Modellierung dieser Entscheidung erfolgt mithilfe der Wahrscheinlichkeit für die Auswahl der Kategorie k:

$$P(U_{ik} > U_{il}) = P[(x'_{ik}Ax_{ik} + \beta'x_{ik}) - (x'_{il}Ax_{il} + \beta'x_{il}) > \varepsilon_{il} - \varepsilon_{ik}] \quad (6)$$

Unter der Annahme, dass die ε_{ij} über alle j unabhängig und identisch verteilt gemäß einer Extremwertverteilung vom Typ I (Gumbel-Verteilung) sind, d.h. $\varepsilon_{ij} \stackrel{i.i.d}{\sim} EV(I)$, folgt die Differenz der Nutzenwerte zweier Arbeitszeitkategorien einer logistischen Verteilung. Unter dieser Verteilungsannahme kann die bedingte Wahrscheinlichkeit, dass Haushalt i Alternative $k \in \{1, ..., J\}$ (gegeben Lohn, mögliche Transfers, exogene Variablen und Freizeit des Partners) wählt, durch ein Conditional-Logit-Modell[53] nach McFadden (1973) beschrieben werden:

$$P(U_{ik} > U_{il}) = \frac{\exp(V_{ik})}{\sum_{l=1}^{J} \exp(V_{il})}$$
$$= \frac{\exp(x'_{ik}Ax_{ik} + \beta'x_{ik})}{\sum_{l=1}^{J} \exp(x'_{il}Ax_{il} + \beta'x_{il})} \quad (7)$$

Zur Berechnung dieser Wahrscheinlichkeiten ist die Kenntnis der (dreidimensionalen) Haushaltsbudgetrestriktion erforderlich, die im Mikrosimulationsmodul von FiFoSiM jedoch aus Vereinfachungsgründen nur für die Punkte der diskreten Arbeitsangebotsentscheidungsmöglichkeiten approximiert wird. Die Form der Budgetrestriktion (linear, konvex, konkav) spielt im diskreten Modell keine Rolle, was sich als ein weiterer Vorteil gegenüber dem kontinuierlichen Ansatz darstellt[54].

---

53 Das Conditional-Logit-Modell ist eine Variante des multivariaten Logit Modells, das verwendet wird, wenn in den Daten Variablen enthalten sind, die von der Wahl einer Alternative und nicht von individuellen Charakteristika abhängen. Ausführlichere Beschreibungen finden sich z.B. in Greene (2003) und Train (2003).
54 Vgl. hierzu auch MaCurdy et al. (1990).

Die Schätzung der Parameter erfolgt durch die Maximum-Likelihood-Methode[55]. Für die Schätzung bzw. Simulation des Nettoeinkommens bei unterschiedlichen Arbeitszeiten wird in der Regel angenommen, dass der durchschnittliche Stundenlohn konstant bleibt und nicht von der tatsächlichen Arbeitszeit abhängt[56]. Für Beschäftigte, deren Stundenlohn bekannt ist, kann auf diese Weise das Nettoeinkommen für verschiedene Arbeitszeiten berechnet werden. Für Arbeitslose muss der (erwartete) Stundenlohn geschätzt werden. Diesbezüglich werden Lohngleichungen durch eine Regression unter Berücksichtigung von Schätzfehlern und Selektionsverzerrungen geschätzt, um so die Stundenlöhne von Nicht-Beschäftigten zu bestimmen. Diese Vorgehensweise wird im nächsten Unterabschnitt kurz beschrieben. Das Nettohaushaltseinkommen für die unterschiedlichen Arbeitszeitkategorien wird auf Basis dieser (hypothetischen) Stundenlöhne wiederum im FiFoSiM berechnet.

4.1.4 Die Heckman-Selektions-Korrektur

Zur Schätzung der Arbeitsangebotseffekte einer Steuerreform wird das Haushaltsnettoeinkommen bei unterschiedlichen Arbeitszeitregelungen simuliert. Hierbei wird in der Regel angenommen, dass der durchschnittliche Stundenlohn konstant bleibt und nicht von der tatsächlichen Arbeitszeit abhängt. Für Beschäftigte, deren Stundenlohn bekannt ist, kann auf diese Weise das Nettoeinkommen für verschiedene Arbeitszeiten berechnet werden. Gleichwohl muss der (erwartete) Stundenlohn für Arbeitslose zunächst geschätzt werden. Bei dieser Vorgehensweise sind Schätzfehler als Folge von Selektionsverzerrungen zu erwarten.

Ein solcher Selektionsbias tritt auf, wenn die verwendete Stichprobe keine Zufallsstichprobe (in dem Sinne, dass jedes Individuum mit gleicher Wahrscheinlichkeit in die Stichprobe gelangt) aus der Grundgesamtheit

---

55 Die Maximum-Likelihood-Methode (ML) ist ein statistisches Schätzverfahren zur Bestimmung unbekannter Parameter, das vor allem in der Regressionsanalyse angewendet wird, da es aufgrund seiner wahrscheinlichkeitstheoretischen Fundierung Vorteile in der Handhabung im Vergleich zu anderen Verfahren (Methode der kleinsten Quadrate, Momentenmethode) hat (vgl. hierzu und zu dem Folgenden: Eckey et al. (2001) und Greene (2003)). Die Logik des Verfahrens ist die folgende: Gegeben sind Daten einer Stichprobe und Annahmen über die Verteilung der relevanten Variablen. Es werden nun die Parameterwerte gesucht, bei denen die gegebenen Daten in der Grundgesamtheit am wahrscheinlichsten sind. Die Likelihoodfunktion ist in Hinblick auf die gesuchten Parameter zu maximieren und die so gefundenen Parameterwerte sind dann die ML-Schätzer der betreffenden Koeffizienten. Aus Vereinfachungsgründen wird i.d.R. der Logarithmus der Likelihood-Funktion, die sog. Log-Likelihood-Funktion maximiert, die ihre Maxima an den gleichen Stellen wie die Likelihood-Funktion hat.

56 Vgl. hierzu und zu dem Folgenden auch Van Soest und Das (2001).

4.1 Das Arbeitsangebotsmodell von Van Soest (1995)

darstellt[57]. Trotz dieser Einschränkung der Repräsentativität sollen jedoch Aussagen über die Parameter der gesamten Grundgesamtheit und nicht nur über eine bestimmte Teilmenge der Grundgesamtheit getroffen werden. Bei der hier vorliegenden Untersuchung wird der Einfluss von Nettoeinkommen und Freizeit auf die Arbeitsangebotsentscheidung untersucht. Die Schätzung der Koeffizienten der Nutzenfunktion erfolgt auf Basis der Daten der bisher Beschäftigten, während die Simulation auch für die bisher Nicht-Beschäftigten erfolgt. Wenn man davon ausgeht, dass Individuen nur dann Arbeit anbieten, falls der für sie erzielbare Marktlohn über ihrem Reservationslohn liegt, dann sind Personen mit relativ hohen Löhnen in der für die Schätzung der Koeffizienten verwendeten Stichprobe überrepräsentiert, mit der Folge, dass der wahre Zusammenhang zwischen Lohn und Arbeitsangebotsentscheidung verzerrt wird. Abbildung 4 illustriert eine solche Verzerrung.

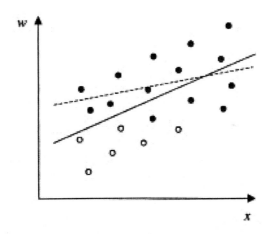

Abbildung 4: Selektions-Bias

Der individuelle Lohn wird als w bezeichnet. x repräsentiert einen exogenen Faktor, welcher das Entlohnungsniveau maßgeblich beeinflusst, z.B. das individuelle Bildungsniveau. Im Rahmen einer Regressionsanalyse ergibt sich die durchgezogen dargestellte, korrekte Gerade durch sämtliche Einzelbeobachtungen. Sie approximiert einen linearen Zusammenhang zwischen Bildung und Lohn. Die Selektionsverzerrung führt dazu, dass Personen mit relativ hohen Löhnen in der beobachtbaren Erwerbstätigen-Stichprobe überrepräsentiert sind, während Personen mit relativ schlechter Ausbildung eher in geringerem Ausmaß Eingang in die Stichprobe finden dürf-

---

57 Vgl. hierzu Franz (2003).

ten. Die entsprechende Untergruppe der Gesamtstichprobe wird durch die schwarzen Punkte charakterisiert. Nun wird die Selektionsverzerrung deutlich. Der Zusammenhang zwischen Bildung und Lohn wird systematisch unterschätzt.

Mit Hilfe der »zweistufigen Heckman-Korrektur«[58] kann eine solche verzerrte Stichprobenauswahl korrigiert werden.

Das Verfahren besteht in der Modellierung zweier Gleichungen[59]. Die Gleichung des eigentlich interessierenden zentralen Zusammenhangs besteht hier in der Lohngleichung zur Bestimmung der Stundenlöhne als wesentlicher Determinante des Arbeitsangebots. Sie erfasst den Zusammenhang zwischen dem Lohnsatz w_i sowie seinen Einflussfaktoren x_i:

$$w_i = x_i\,\beta + u_{1i}$$

u_{1i} wird als normalverteilte Störgröße mit $E(u_{1i}) = 0$ und $var(u_{1i}) = \sigma^2_{u1i}$ angenommen. Der Spaltenvektor der Koeffizienten ist hier als β bezeichnet.

Ob das betrachtete Individuum zum erwerbstätigen Personenkreis gehört, wird durch die folgende Auswahlregel bestimmt. Diese Gleichung wird auch als Partizipationsgleichung bezeichnet, die die Wahrscheinlichkeit beschreibt, dass eine arbeitsfähige Person tatsächlich Arbeit anbietet:

$$P = \begin{cases} 1 & falls \quad z_j\gamma + u_{2j} > 0 \\ 0 & falls \quad z_j\gamma + u_{2j} < 0 \end{cases} \qquad (9)$$

P nimmt den Wert 1 an, wenn die Summe aus gewichteten Bestimmungsfaktoren des Angebots $z_j\gamma$ und einem Störterm u_{2j}, für den $E(u_{2j}) = 0$ und $var(u_{2j}) = 1$ gilt, positiv ist. Andernfalls ist sie null, d.h. ein Arbeitsangebot ist am Markt nicht beobachtbar. Weiterhin gilt $corr(u_1, u_2) = p$. Für $p \neq 0$ liefert die Standard OLS-Regression keine konsistenten Ergebnisse, die o.e. Verzerrung tritt auf. Dass diese Gleichung die Selektionsverzerrung illustriert, kann anhand des bedingten Erwartungswerts des Lohnsatzes bei Partizipation, d.h. $P = 1$, veranschaulicht werden:

$$E(w|P=1) = x \cdot \beta + E(u_{1i}|P=1) \qquad (10)$$

Diese Gleichung stimmt nur dann mit dem unverzerrten Wert $x\,\beta$ überein, falls $E(u_{1i}|P=1) = 0$ ist. Dies wird im Allgemeinen jedoch nicht der Fall sein. Unter der Annahme einer bivariaten Normalverteilung der beiden Störterme u_{1i} und u_{2j} lässt sich die Gleichung weiter umformen zu:

---

58 Vgl. hierzu Heckman (1976) und Heckman (1979).
59 Vgl. Greene (2003) für eine Lehrbuchdarstellung.

4.1 Das Arbeitsangebotsmodell von Van Soest (1995)

$$E(w|P=1) = x\ \beta + \rho\ \sigma_{u_{1i}}\lambda_i \quad (11)$$

p misst die Korrelation zwischen u_{1i} und u_{2j} und λ_j ist durch

$$\lambda_j = \frac{\phi\left(z_j\gamma/\sigma_{u2j}\right)}{\Phi\left(z_j\gamma/\sigma_{u2j}\right)} \quad (12)$$

gegeben. Man bezeichnet λ_j auch als Inverse des Mills-Quotienten[60], welcher die Relation aus Dichte- und Verteilungsfunktion von $z_j\gamma$ abbildet.

Im Heckman-Verfahren erhält man nun auf Basis einer Probit-Schätzung Schätzwerte für γ, aus denen sich die Inverse des Mills-Quotienten berechnen lässt.

Diese Verfahren liefert einen Schätzwert für die Wahrscheinlichkeit, ein Arbeitsangebot zu unterbreiten. Die Wahrscheinlichkeit zur Gruppe der Erwerbstätigen zu gehören, wird unter Einbeziehung der Daten sowohl der erwerbstätigen als auch der nicht arbeitenden Individuen geschätzt. Die so gewonnenen Werte werden wiederum für jedes Individuum i genutzt und in die Schätzgleichung für den Lohn aufgenommen, wodurch die Verzerrung beseitigt und eine konsistente Schätzung ermöglicht wird.

Die meisten Bestimmungsgrößen der o.a. Gleichungen können direkt aus dem SOEP entnommen werden. Einige Regressoren, die ökonomisch plausibel erscheinen, werden jedoch nicht direkt durch die Befragungen beantwortet; hier wurden die entsprechenden Werte aus den Angaben rekonstruiert. Tabelle 6 gibt eine Übersicht über die verwendeten Regressoren der Lohn- sowie der Partizipationsgleichung.

---

60 Vgl. hierzu Heckman (1979).

Lohngleichung	Partizipationsgleichung
Geschlecht	Berufserfahrung
Alter	Bundesland
Nationalität	Familienstand
Ausbildung	Kinderzahl
Berufserfahrung	Behinderung
Dauer der Arbeitslosigkeit	höchster Schulabschluss
Branche	Nationalität
Betriebsgröße	(binär deutsch/nicht-deutsch)
Dauer der Betriebszugehörigkeit	
Bundesland	
Beamter (binär: ja/nein)	

Tabelle 6: Regressoren der Heckman-Gleichungen

4.1.5 Schätzung der Koeffizienten

Die Informationen über das jeweilige Haushaltsnettoeinkommen und die Freizeit der Partner in den unterschiedlichen Arbeitszeitkategoriekombinationen, sowie die Kontrollvariablen fließen als Input in das ökonometrisch geschätzte Arbeitsangebotsmodell. Durch Einsetzen der in Stata geschätzten Koeffizienten und der Werte der Variablen in der entsprechenden Arbeitszeitkategorie für den jeweiligen Fall kann zunächst der Nutzen des Haushalts für die einzelnen Alternativen simuliert werden. Durch Einsetzen dieser Nutzenwerte in die Gleichung für die bedingte Wahrscheinlichkeit

$$P(U_{ik} > U_{il}) = \frac{\exp(V_{ik})}{\sum_{l=1}^{J} \exp(V_{il})}$$

können die Wahrscheinlichkeiten für die einzelnen Kategorien für die beiden Steuerkonzepte berechnet werden. Mithilfe dieser geschätzten Wahrscheinlichkeitsverteilung lassen sich die erwarteten Arbeitszeiten vor und nach der Reform und daraus resultierend die zu erwartenden Arbeitsangebotsreaktionen bestimmen.

4.2 Das Arbeitsangebotsmodul von FiFoSiM

4.2.1 Datenbasis und Selektion

Die Datengrundlage für die Simulation der Arbeitsangebotseffekte in FiFoSiM bilden die SOEP-Daten. Der Datensatz enthält die meisten für die Analyse benötigten Haushaltsmerkmale. Einige wenige Informationen fehlen. Diese müssen durch geeignete Annahmen oder durch Imputation aus anderen Datenquellen ersetzt bzw. ergänzt werden. Darüber hinaus müssen die Daten der im SOEP befragten Haushalte vor der Simulation auf ihre Eignung geprüft werden. Nicht geeignete Datensätze werden aus der Stichprobe anhand unterschiedlicher Kriterien, die im Folgenden beschrieben werden, gefiltert.

Zunächst werden alle Haushalte, bei denen kritische Daten (Einkommen, Dauer der Beschäftigung, Familienstand) für den Haushaltsvorstand bzw. für dessen Partner fehlen, von der Untersuchung ausgeschlossen, soweit es nicht möglich ist, diese Informationen (indirekt) aus anderen Angaben zufrieden stellend zu rekonstruieren oder die fehlenden Daten zu imputieren.

Nach einer weiteren Selektionsrunde werden in der Schätzungsstichprobe nur noch die (tatsächlich oder potentiell) abhängig Beschäftigten betrachtet. Dies lässt sich damit rechtfertigen, dass in der ökonomischen Theorie die Arbeitsangebotsentscheidung als eine Konsum-Freizeit-Entscheidung modelliert wird und diese Abwägung zwischen temporärem Konsum und Freizeit nicht für alle Personengruppen in gleichem Maße (im Sinne eines gleichen, ökonometrisch schätzbaren, strukturellen Zusammenhangs) als essentiell für die Arbeitsangebotsentscheidung unterstellt werden kann. So erfolgt die Arbeitsangebotsentscheidung bestimmter Personen, wie z.B. Rentner, Schüler, Auszubildende, aber auch von Selbständigen, aus einem anderen Kalkül (bzw. einer anderen Gewichtung der entsprechenden Determinanten[61]) als bei abhängig Beschäftigten[62]. Aus diesem Grund konzentrieren sich die Simulationsanalysen auf einen bestimmten Personenkreis abhängig Beschäftigter und Nichterwerbstätiger, für den ein vergleichbares Konsum-Freizeit-Nutzenkalkül unterstellt werden kann. Aus der Schätzungsstichprobe werden im Einzelnen ausgeschlossen:

- Personen, die jünger als 16 oder älter als 65 Jahre sind,
- Bezieher von Altersrente, Altersübergangs- bzw. Vorruhestandsgeld,
- Auszubildende (Schule, Hochschule, betriebliche Ausbildung, etc.),
- Personen im Mutterschutz, Zivildienstleistende und Wehrdienstleistende,
- hauptberuflich Selbständige.

---

61 Dies hat die Folge, dass nicht der gleiche statistische Zusammenhang bzw. die gleichen Werte für diese Koeffizienten unterstellt werden können.
62 Weiterhin haben diese ausgeschlossenen Personen i.d.R. die Auswahl zwischen anderen Arbeitszeitkategorien als die abhängig Beschäftigten.

Das Arbeitsangebot dieser Personen wird – ebenso wie das Arbeitsangebot von Beamten – als fix angenommen. Für diese Personen werden keine Simulationen bei unterschiedlichem Erwerbsverhalten durchgeführt, während bei allen anderen abhängig Beschäftigten und Nichterwerbstätigen ein flexibles Arbeitsangebot unterstellt wird. Für die Simulation in Abhängigkeit vom Erwerbsverhalten werden unterschiedliche Haushaltstypen definiert. Durch die Unterscheidung zwischen Personen mit variablem und solche mit invariablem Arbeitsangebot ergeben sich drei Haushaltstypen:

1. Haushalte mit flexiblem Haushaltsvorstand und flexiblem Partner (flexible Haushalte)
2. Haushalte mit flexiblem Haushaltsvorstand oder flexiblem Partner (gemischte Haushalte)
3. Haushalte mit inflexiblem Haushaltsvorstand und inflexiblem Partner (inflexible Haushalte).

	Paar-Haushalte	*Single-Haushalte*
1. flexible Haushalte	Ja	Ja
2. gemischte Haushalte	Ja	--
3. inflexible Haushalte	Nein	Nein

Tabelle 7: Haushaltstypen und Schätzungsstichprobe

Des Weiteren wird in den Untersuchungen noch zwischen Single- und Paarhaushalten unterschieden. Tabelle 7 zeigt die Aufteilung der Stichprobe in die Haushaltstypen und deren Einbeziehung in die Schätzungsstichprobe. Haushalte, in denen weder Haushaltsvorstand noch Partner ein variables Arbeitsangebot aufweisen (Gruppe drei), werden von der Simulation des Einkommens in Abhängigkeit vom Erwerbsverhalten ausgeschlossen, da sich ihr Arbeitsangebot durch die Steuerreform per definitionem nicht ändert. Diese Haushalte bleiben jedoch Teil der erweiterten Stichprobe. Gruppe eins, in der sowohl Haushaltsvorstand als auch Partner (bei Paar-Haushalten) über ein flexibles Arbeitsangebot verfügen, kann ohne Probleme in die Simulation von Arbeitsangebotsreaktionen einbezogen werden. Für die zweite Gruppe, in der entweder der Haushaltsvorstand oder der Partner ein flexibles Arbeitsangebot aufweisen, erfolgt ebenfalls eine Simulation der Arbeitsangebotsreaktionen, allerdings werden sie technisch wie Single-Haushalte behandelt. Die Bestimmung des Nettohaushaltseinkommens in Abhängigkeit vom Erwerbsverhalten erfolgt für den Partner mit flexiblem Arbeitsangebot daher für verschiedene Erwerbsumfänge, während für den Partner mit inflexiblem Arbeitsangebot die tatsächlich gearbeitete Arbeitszeit angesetzt wird. Für die Simulation der Einkommen in Abhängigkeit vom Erwerbsverhalten sind somit lediglich die erste und zweite Gruppe, d.h. die flexiblen und gemischten Haushalte, relevant. Diese bilden die Schätzungsstichprobe. Bei einer deskriptiven Untersuchung des Status quo, beispielsweise der Verteilungswirkungen steuerlicher Regelungen unter der Annahme konstanten Erwerbsverhaltens, kann zur Erweiterung der Datenbasis auch die dritte Gruppe hinzugezogen werden (erweiterte Stichprobe). Für die Simulation der Aufkommens- und Verteilungswirkungen wird die dritte Gruppe mit ihrer tatsächlichen Arbeitszeit verwendet.

4.2.2 Berechnung des Nettohaushaltseinkommens

		Einkommenskomponenten
1		Einkünfte aus nichtselbständiger Arbeit
	+	Einkünfte aus Kapitalvermögen
	+	Einkünfte aus Vermietung und Verpachtung
	+	Einkünfte aus selbständiger Tätigkeit, Land- und
	+	Forstwirtschaft, Gewerbebetrieb
	+	sonstige Einkünfte (Renten)
2	+	Arbeitslosengeld I
	+	Arbeitslosengeld II
	+	Kindergeld
	+	Wohngeld
	+	Sozialhilfe
	+	sonstige Transfers
3	-	Sozialversicherungsbeiträge der Arbeitnehmer
	-	Einkommensteuer
	-	Solidaritätszuschlag
	-	gezahlter Unterhalt
	=	Nettohaushaltseinkommen

Tabelle 8: Komponenten des Nettohaushaltseinkommens in FiFoSiM

Tabelle 8 bietet einen Überblick über die Komponenten, aus denen das Nettohaushaltseinkommen in FiFoSiM berechnet wird. Teil 1 enthält die Einkünfte des Haushalts, der zweite Teil die Transfers und der dritte die vorgenommenen Abzüge. Das Nettohaushaltseinkommen wird auf Basis der SOEP-Daten im Steuer- und Transfer-Mikrosimulationsmodul von FiFo-

SiM[63] für die unterschiedlichen Arbeitszeitkategorien[64] unter der Annahme konstanter Stundenlöhne simuliert. Die Stundenlöhne bisher nicht beschäftigter Personen werden durch eine Probit-Schätzung unter Berücksichtigung der Heckman-Selektions-Korrektur geschätzt.

---

63 Vgl. hierzu Kapitel 3.
64 Wir unterscheiden auf Basis der vorliegenden SOEP-Daten drei Kategorien für Männer (0, 40, 48 Stunden) und fünf Kategorien für Frauen (0, 15, 24, 37 und 45 Stunden).

5. Simulation der Beschäftigungs- und Wachstumswirkungen

Die Beschäftigungs- und Wachstumswirkungen des Steuerreformvorschlags werden im CGE-Modul von FiFoSiM analysiert. In diesem Abschnitt werden die Methode der CGE-Modellierung und das FiFoSiM CGE-Modul kurz beschrieben.

5.1 Numerische Allgemeine Gleichgewichtsmodelle

CGE-Modelle[65] basieren auf der totalanalytischen mikroökonomischen allgemeinen Gleichgewichtstheorie. Faktor-, Güter- und Arbeitsmärkte werden in einem Modell integriert. Auf dieser Grundlage wird die Volkswirtschaft als Ganzes modelliert, mit dem Ziel, die gesamtwirtschaftlichen Auswirkungen wirtschaftspolitischer Maßnahmen zu erfassen und vor allem zu quantifizieren. Die Untersuchung der Steuerpolitik erfolgt in diesem Rahmen unter allokativen Gesichtspunkten mit Blick insbesondere auf die langfristigen Auswirkungen wirtschaftspolitischer Maßnahmen.

Diese Modellklasse nutzt aggregierte Daten der volkswirtschaftlichen Gesamtrechnung, die jedoch durch die Integration von Mikrodatensätzen zu einer konsistenten Datenbasis kombiniert werden. Durch rechenbare Gleichgewichtsmodelle sollen die ökonomischen Gleichgewichte numerisch bestimmt werden. Auf Grundlage möglichst realistisch gewählter exogener Variablen (z.B. Parameter der Nutzen- und Produktionsfunktionen, Steuersätze) werden Werte für die endogenen Variablen (z.B. Preise, Mengen) numerisch berechnet, mit dem Ziel, die Auswirkungen verschiedener Politikmaßnahmen bzw. Reformen möglichst exakt bzw. realitätsnah zu quantifizieren. Eine Grundvoraussetzung für eine hohe Aussagekraft dieser ökonomischen Experimente ist, dass das gewählte Modell die relevanten realen Wirkungszusammenhänge hinreichend genau widerspiegelt.

---

65 In der Literatur finden sich zahlreiche Synonyme für CGE-Modelle (computable general equilibrium models) Neben der Bezeichnung CGE-Modell werden in der deutschsprachigen Literatur auch die Begriffe Angewandte, Empirische, Numerische oder Rechenbare Allgemeine Gleichgewichtsmodelle verwendet, die sich an die angelsächsischen Varianten CGE-Model und Applied General Equilibrium Model (AGE-Modell) anlehnen. Eine anwendungsorientierte Einführung in die empirische allgemeine Gleichgewichtsanalyse findet man z.B. bei Böhringer et al. (2003).

5.1.1 Prinzipielle Vorgehensweise

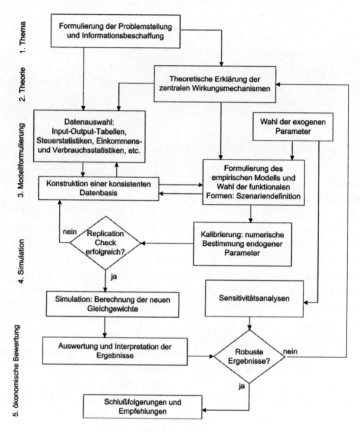

Abbildung 5: Vorgehensweise CGE-Analyse[66]

Die prinzipielle Vorgehensweise der empirischen allgemeinen Gleichgewichtsanalyse ist in Abbildung 5 dargestellt. Zunächst erfolgt eine inhaltliche Konkretisierung der Problemstellung, bevor im zweiten Schritt die zentralen ökonomischen Wirkungszusammenhänge identifiziert werden, die in der Spezifikation des Modells zu berücksichtigen sind. Die Modellformulierung erfolgt in der Regel als dritter Schritt simultan mit der Konstruktion der mikroökonomisch konsistenten Datenbasis. Die Modellparameter wer-

---

[66] Quelle: Eigene Darstellung in Anlehnung an Böhringer (1996) S. 93. Böhringer (1996) bietet auch einen kurzen Überblick über die theoretischen Grundlagen der Modellanalyse und dem Verfahren der angewandten Gleichgewichtsanalyse.

den entweder geschätzt oder kalibriert[67] bzw. zum Teil aus der Literatur übernommen. Nach erfolgreichem Bestehen des Konsistenzchecks (Replikation des Ausgangsgleichgewichts) können dann Simulationen für verschiedene Reformvorschläge durchgeführt werden. In einem letzten Schritt erfolgt die Auswertung der Ergebnisse, die durch Sensitivitätsanalysen auf ihre Robustheit zu überprüfen sind, bevor konkrete Schlussfolgerungen gezogen und Empfehlungen ausgesprochen werden können.

5.1.2 Grundstruktur

Die Grundstruktur numerischer Gleichgewichtsmodelle basiert auf der mikroökonomischen allgemeinen Gleichgewichtstheorie[68]. Diese Modelle lassen sich in drei Hauptbestandteile zerlegen[69]:

1. Gleichungen, die das Angebots- und Nachfrageverhalten beschreiben,
2. Gleichungen, die die Einkommensverteilung der Akteure beschreiben,
3. Gleichgewichtsbedingungen für Güter- und Faktormärkte, sowie für die makroökonomischen Aggregate.

Für die relevanten Akteure (Haushalte, Unternehmen, Staat) werden deren Entscheidungen und Verhaltensweisen aus einem individuellen Optimierungskalkül abgeleitet. Auf der Konsumentenseite wird das Faktorangebot durch die Anfangsausstattung determiniert, während die Güternachfrage von den jeweiligen Preisen abhängt. Bei gegebenen Preisen und fixer Ausstattung wählen die Haushalte eine nutzenmaximale Konsum-Freizeit-Kombination. Die gewinnmaximierenden Unternehmen fragen die angebotenen Faktormengen bei gegebener Technologie zur Güterherstellung nach. Der flexible Preismechanismus bewirkt den Ausgleich der angebotenen und nachgefragten Mengen aufgrund der individuell und unabhängig getroffenen Entscheidungen auf allen Märkten, bis sich ein Gleichgewicht ergibt[70]. Der gleichgewichtige Preisvektor wird also über die Anfangsausstattungen und Präferenzen der Haushalte sowie die Produktionstechnologie der Unternehmen eindeutig bestimmt. Der Staat kann über die Erhebung von Steuern an diversen Stellen in den Wirtschaftskreislauf eingreifen und so die re-

---

67 Beide Verfahren werden weiter unten näher erläutert.
68 Auf eine formale Darstellung der Gleichungen und der funktionalen Zusammenhänge wird in diesem Rahmen verzichtet. Einen Überblick hierüber bieten z.B. Fehr und Wiegard (1996) und Klepper et al. (1994). Die mikroökonomische allgemeine Gleichgewichtstheorie wird z.B. in Varian (1994) ausführlich dargestellt.
69 Vgl. hierzu Klepper et al. (1994), S. 515.
70 Dies bedeutet jedoch nicht automatisch, dass alle Märkte geräumt sind. So gibt es z.B. bei der Modellierung von Arbeitslosigkeit auch Gleichgewichte bei Unterbeschäftigung.

lativen Preise in der Modellökonomie verändern. Abbildung 6 verdeutlicht die Struktur eines solchen totalanalytischen, gleichgewichtigen Modells.

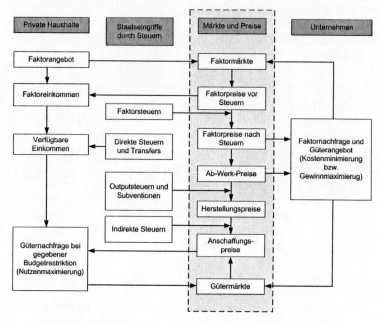

Abbildung 6: Grundstruktur eines Gleichgewichtsmodells[71]

Üblicherweise wird in der angewandten CGE-Modellierung die Annahme einer kleinen offenen Volkswirtschaft getroffen. Importangebot und Exportnachfrage werden als vollkommen elastisch modelliert und die Weltmarktpreise gehen als Datum ins Kalkül der Akteure ein. Während Standardmodelle des internationalen Handels wie das Heckscher-Ohlin-Modell[72] von homogenen Produkten über die Ländergrenzen ausgeht, greift man in der angewandten CGE-Modellierung meist auf die *Armington*-Hypothese[73] zurück. Diese soll dem Phänomen Rechnung tragen, dass Länder identische Güter sowohl exportieren als auch importieren[74]. Folglich werden handelbare in- und ausländische Güter als imperfekte Substitute modelliert, deren wesentliche Eigenschaften nicht nur durch ihre physische Natur

---

71 Quelle: Böhringer (1996), S. 13.
72 Das Heckscher-Ohlin-Modell (Heckscher (1919) und Ohlin (1933)) ist das Standard-Modell des internationalen Handels. Es basiert auf komparativen Kostenvorteilen, die aus einer unterschiedlichen relativen Faktorausstattung resultieren. Jedes Lehrbuch zur Theorie des Außenhandels enthält das Heckscher-Ohlin-Modell, so z.B. Krugman und Obstfeld (1997), S. 67 ff.
73 Vgl. Armington (1969).
74 In der Literatur wird diese Erscheinung häufig auch als cross hauling bezeichnet.

sondern auch durch den Ort ihrer Herstellung determiniert werden[75]. Im Rahmen des hier dargestellten Modells wird die *Armington*-Hypothese dadurch abgebildet, dass sowohl auf Unternehmens- wie auch auf Haushaltsseite eine zusätzliche Ebene in die Nutzen- bzw. Produktionsstruktur eingefügt wird. Die Unternehmen kombinieren in- und ausländische Vorprodukte zur Herstellung des Endproduktes. Für die inländischen Endnachfrager, die Haushalte, wird angenommen, dass sie ein aus Importen und heimisch produzierten Gütern zusammengesetztes Produkt nachfragen.

5.1.3 Modellimplementierung

MCP

Die Modellökonomie wird im Rahmen der Implementierung eines CGE-Modells zunächst als ein System von Gleichungen und Ungleichungen (»mixed complementary problem«) dargestellt, um eine möglichst große Flexibilität im Hinblick auf eine sachgerechte Abbildung ökonomischer Sachverhalte zu gewährleisten[76]. Ein »Mixed Complementarity Problem« (MCP) ist ein System simultaner Bedingungen, welches sowohl Gleichungen als auch Ungleichungen beinhalten kann. In diesem System wird jeder (Un-) Gleichung eine komplementäre Variable zugeordnet.

Spezifikation der funktionalen Formen

Um ökonomisch gleichgewichtige Lösungen des MCP zu ermitteln, ist es erforderlich, den Nutzen- und Produktionsfunktionen der Akteure konkrete Formen zuzuweisen, durch die die Präferenzen auf der Haushaltsseite sowie die Technologien auf der Unternehmensseite charakterisiert werden. Die zugrundeliegenden Funktionen müssen sowohl mit dem theoretischen An-

---

75 Fehr und Wiegard (1996), S. 6, formulieren diesen Sachverhalt anhand eines Beispiels: Französische und deutsche Weine werden demnach als unterschiedliche, wenn auch eng substituierbare Güter behandelt.

76 Eine komplexe Darstellung der Lösungsalgorithmen, die der numerischen Gleichgewichtsermittlung zugrunde liegen, findet man z.B. bei Shoven und Whalley (1992). Neben Fixpunktalgorithmen werden häufig lineare Näherungsverfahren auf nicht-lineare Gleichungssysteme sowie Newtonsche Lösungsverfahren verwendet (vgl. hierzu Harris (1988)). Die Entwicklung leistungsstarker Computer in Verbindung mit dem Einsatz höherer mathematischer Programmiersprachen wie z.B. GAMS und MATLAB haben die Einstiegshürden zur numerischen Gleichgewichtsmodellierung deutlich gesenkt. Die Modellierung der Angewandten Allgemeinen Gleichgewichtsmodelle erfolgt häufig mittels GAMS/MPSGE. MPSGE (Rutherford (1999)) ist ein Subsystem von GAMS (Brooke et al. (1998)) zur mathematischen Programmierung von Allgemeinen Gleichgewichtsmodellen.

satz übereinstimmen als auch in der praktischen Umsetzung handhabbar sein. Diese »Verwendbarkeit« in der angewandten Modellierung erklärt zu großen Teilen, warum i.d.R. CES-Funktionen[77] zur Anwendung kommen, die zum einen über vorteilhafte mathematische Eigenschaften[78] verfügen und zum anderen aufgrund ihrer Flexibilität den Anforderungen an die Modellierbarkeit ökonomischen Verhaltens genügen[79].

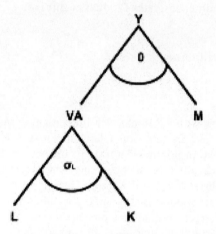

Abbildung 7: Produktionsstruktur

Sowohl auf der Haushalts- als auch der Unternehmensseite werden häufig Nestungen[80] verwendet, mit deren Hilfe mehrstufige Prozesse abgebildet

---

[77] CES-Funktionen stellen sowohl Verallgemeinerungen der Leontief- als auch der Cobb-Douglas-Technologie bzw. -Präferenz dar. Allgemein lautet eine CES-Funktion, die homogen vom Grade 1 ist:

$$Y = \left[\sum_i \alpha_i x_i^p\right]^{\frac{1}{p}}$$

(Y bezeichnet den Output, α_i den Distributionsparameter, x_i die eingesetzten Faktormengen und p den Substitutionsparamter). Die Funktion lässt sich graphisch durch Isoquanten darstellen, wobei der Substitutionsparameter die Krümmung und der Distributionsparameter die Schiefe der Isoquanten bestimmt. Man erhält unter Beachtung der Substitutionselastizität $\sigma = \frac{1}{1+p}$ für $p \to 0$ und damit $\sigma \to 0$ den Spezialfall der Cobb-Douglas-Funktion. Analog erhält man für $p \to \infty$ und damit $\sigma \to 0$ die Leontief-Produktionsfunktion (limitationale Produktionsfaktoren).

[78] Darunter fallen insbesondere die lineare Homogenität sowie positiv abnehmende Grenzerträge.

[79] Böhringer et al. (2003), S. 7.

[80] Als Nestung (nesting structure) bezeichnet man die hierarchische Bildung von Subaggregaten in einer Produktions- oder Nutzenfunktion. Diese erlaubt sowohl die Abbildung unterschiedlicher als auch identischer Substitutionselastizitäten auf den einzelnen Ebenen.

werden können. Im Produktionsbereich wird meist ein Endprodukt *Y* aus einem Vorprodukt *M* (Material Composite) und einer Kombination aus primären Produktionsfaktoren (*V A* Value Added) mittels fixer Input-Koeffizienten[81] hergestellt. Abbildung 7 verdeutlicht die mehrstufige Struktur der Unternehmensseite von FiFoSiM, die die Berücksichtigung mehrerer unterschiedlicher Elastizitäten erlaubt. Arbeit *L* und Kapital *K* bilden im hier angeführten Beispiel die Produktionsfaktoren, deren Austauschbarkeit durch die Substitutionselastizität σ_L charakterisiert wird.

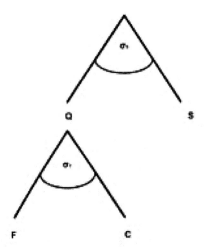

Abbildung 8: Nutzenbaum des repräsentativen Haushalts

Auch auf der Haushaltsseite ist eine CES-Funktion nicht unüblich (vgl. Abbildung 8). Der repräsentative Haushalt entscheidet auf dem oberen Level zunächst zwischen Gegenwarts- *(Q)* und Zukunftskonsum *(S)* Der Gegenwartskonsum *Q* beinhaltet sowohl das Argument Freizeit *F* als auch das aggregierte Konsumgüterbündel *C*. Im oberen Teil des Baumes reflektiert σ^s die intertemporale Substitutionselastizität während im unteren Teil σ^F das Verhältnis zwischen Konsum und Freizeit charakterisiert.

Parameterbestimmung: Kalibrierung vs. ökonometrische Schätzung

Im Hinblick auf die Bestimmung der Parameterwerte der funktionalen Formen des Modells besteht die Wahl zwischen zwei verschiedenen Vorgehensweisen. Entweder werden die Parameter auf der Basis von Zeitreihen-

---

[81] Die Substitutionselastizität im oberen Teil der Nestung beträgt Null (Leontief-Struktur).

daten ökonometerisch geschätzt oder das Modell wird anhand einer mikroökonomisch konsistenten Datenbasis, die den empirisch beobachteten Gleichgewichtszustand der Volkswirtschaft im betrachteten Zeitpunkt widerspiegelt, kalibriert[82].

Die ökonometrische Schätzung hat sich dabei aus mehreren Gründen als sehr aufwändig und kompliziert erwiesen[83]. Zum einen ist es aufgrund der Komplexität der meisten Modelle, die aus einer Vielzahl nichlinearer, simultan zu bestimmender Gleichungen bestehen, erforderlich, mehrere hundert Parameter simultan zu schätzen. Dies erfordert eine sehr hohe Anzahl an Observationen für jede Variable, die i.d.R. nicht verfügbar sind[84]. Böhringer und Wiegard (2003) weisen darauf hin, dass der wesentliche Vorteil ökonometrischer Schätzungen dann entfällt, wenn die Abschätzung von Konfidenzintervallen nicht mehr möglich ist und halten dies angesichts der Vielzahl an Gleichungen für sehr wahrscheinlich. Ein weiteres Problem besteht darin, dass die Observationen bestimmter Variablen meist nur in Wertgrößen vorliegen, die sowohl eine Information über den Preis als auch die Menge enthalten. Für eine Zeitreihenschätzung ist es aber unerlässlich, diese beiden Angaben, die der Gleichgewichtsbeobachtung zugrundeliegen, zu trennen, um so eine konsistente Datengrundlage über die Zeit zu erhalten.

Gegenüber dem stochastischen Schätzverfahren hat sich im Laufe der Zeit ein anderes, deterministisches Verfahren, die sog. Kalibrierung, durchgesetzt. Häufig wird die Kalibrierung als »Einpunktschätzung« bezeichnet[85]. Dabei wird unterstellt, dass sich die betrachtete Wirtschaft zu einem bestimmten Referenzzeitpunkt im Gleichgewicht (dem sog. »Benchmark«) befindet[86]. Durch Auflösen der Gleichgewichtsbedingungen nach den zu bestimmenden Parametern und Implementierung der erklärenden Preise sowie Mengenangaben aus den verfügbaren Datenquellen lassen sich die üb-

---

82 Eine ausführliche Darstellung der unterschiedlichen Vorgehensweisen liefern Mansur und Whalley (1984).
83 Vgl. für einen Überblick über diese Vorgehensweise Shoven und Whalley (1984). Als Beispiel für die auftretenden Schwierigkeiten sei noch Mansur (1980) angeführt, der die Probleme bei der Anwendung der Maximum-Likelihood-Methode unter Einhaltung der Gleichgewichtsrestriktionen darstellt sowie Jorgenson (1984), der die ökonomterische Schätzung von Kostenfunktionen vorgenommen hat.
84 So werden etwa Input-Output-Tabellen nur in Abständen von mehreren Jahren erstellt. Ähnliches gilt für Einkommens- und Verbrauchsstichproben.
85 Vgl. etwa Böhringer und Wiegard (2003) oder auch Shoven und Whalley (1984).
86 Diese Annahme bietet häufig Anlass zur Kritik an der empirischen allgemeinen Gleichgewichtsanalyse. Die getroffenen Annahmen (Mengenanpasser, atomistische Marktstrukturen, vollständige Transparenz der verfügbaren Informationen, Abwesenheit von Transaktionskosten) bedeuten zumindest annähernde Marktvollkommenheit. Tait (1989) fordert eine kritische Haltung gegenüber den Resultaten, falls die Annahmen empirisch nicht bestätigt werden können. Auch Bork (2000) bezweifelt, dass die Daten des Basisjahres als ein gesamtwirtschaftliches Gleichgewicht interpretiert werden können.

rigen Parameter ermitteln. Das so kalibrierte Modell dient als Referenzgleichgewicht, anhand dessen ein exogener Schock oder eine Politikmaßnahme durch die Änderung eines oder mehrerer exogener Parameter untersucht werden kann. Die Änderungen bewirken über das Gleichungssystem eine Anpassung der endogenen Systemvariablen, so dass sich ein neues Gleichgewicht, das sog. »Counterfactual«, einstellt. Durch einen Vergleich der beiden gleichgewichtigen Zustände werden die quantitativen Auswirkungen der Änderung untersucht und evaluiert. Die Nachteile des Kalibrierungsverfahren sind, dass man zum einen auf die Übernahme empirisch relevanter Schätzungen für die Elastizitäten angewiesen ist[87] und zum anderen erlaubt ein deterministisches Verfahren wie die Kalibrierung keinen statistischen Test im Hinblick auf die Spezifikationen des Modells.

5.1.4 Datenbasis

Voraussetzung für die Kalibrierung eines Gleichgewichtsmodells sind Basisdaten, die mit den Anforderungen an die Existenz eines allgemeinen ökonomischen Gleichgewichts übereinstimmen. Die Erstellung einer mikroökonomisch konsistenten Datenbasis kann sehr zeitintensiv sein, da Daten aus unterschiedlichen Quellen integriert und kompatibel gemacht werden müssen. Das Grundgerüst hierbei stellen in der Regel die Input-Output-Tabelle, die detaillierte Angaben über Vorleistungsströme, gesamtwirtschaftliche Nachfragekomponenten und die Komponenten der Wertschöpfung enthält, sowie Statistiken zur Einkommensverteilung und -verwendung dar. Diese Informationen werden in einer so genannten »Social Accounting Matrix« (SAM) zusammengeführt und so als Datenbasis für das Modell verwendet.

Input-Output-Tabellen

Als Elemente der Volkswirtschaftlichen Gesamtrechnung geben Input-Output-Tabellen einen detaillierten Einblick in die Güterströme und Produktionsverflechtungen einer Volkswirtschaft. Sie dienen u.a. als Grundlage für Strukturuntersuchungen der Wirtschaft sowie für Analysen der direkten und indirekten Auswirkungen von Nachfrage-, Preis- und Lohnänderungen auf die Gesamtwirtschaft und die einzelnen Bereiche. Die Konzepte und Definitionen der Input-Output-Rechnung basieren auf dem europäischen Sys-

---

87 Elastizitäten können nur bei einer Preis- oder Mengenänderung bestimmt werden, d.h. für die praktische Umsetzung, dass mehrere Beobachtungen vorliegen müssen. Eine Kalibrierung greift jedoch nur auf die Daten eines Jahres oder eines Durchschnitts an Beobachtungen zurück.

tem Volkswirtschaftlicher Gesamtrechnungen von 1995[88]. Die Ergebnisse sind mit den Angaben in den jährlichen Konten und Standardtabellen der Volkswirtschaftlichen Gesamtrechnungen abgestimmt.

Die Input-Output-Tabellen des Statistischen Bundesamtes werden nach 71 Gütergruppen bzw. Produktionsbereichen gegliedert. Tabelle 9 zeigt den Aufbau einer Input-Output-Tabelle in einer – nach drei Gütergruppen (Zeilen) und drei Produktionsbereichen (Spalten) – stark aggregierten Form[89].

Aufkommen		Verwendung				Letzte Verw. von Gütern	Gesamte Verw. von Gütern
		Input Produktion					
		I [1]	II [2]	III [3]	Σ		
I. Quadrant						**II. Quadrant**	
Inländische Produktion nach Sektoren	I	4.8	35.4	3.3	43.4	25.7	69.1
	II	11.5	749.7	148.3	909.5	1249.3	2158.9
	III	10.0	310.9	609.6	930.5	1259.7	2190.2
Vorleistungen		26.2	1096.0	761.2	1883.5	2534.7	4418.2
Gütersteuern abzgl. Subventionen		1.1	8.8	36.7	46.6	159.7	206.3
Σ		27.3	1104.8	798.0	1930.1	2694.4	4624.5
III. Quadrant							
Arbeitnehmerentgelt		..	..	..	..		
Produktionsabgaben abzgl. Subventionen		..	..	..	..		
Abschreibungen		..	..	..	..		
Nettoüberschuss							
Bruttowertschöpfung		22.8	521.2	1312.2	1856.2		
Produktionswert		50.1	1626.0	2110.1	3786.3		
Importe		19.0	532.8	80.1	631.9		
Gesamtes Aufkommen an Gütern		69.1	2158.9	2190.2	4418.2		

[1] Primärer Sektor, [2] Sekundärer Sektor, [3] Tertiärer Sektor
Quelle: http://www.destatis.de/basis/d/vgr/inputtab1.php

Tabelle 9: Input-Output-Tabelle 2000 zu Herstellungspreisen in Mrd. €

---

[88] 1998 wurde das nationale System der Volkswirtschaftlichen Gesamtrechnung durch das europäische System volkswirtschaftlicher Gesamtrechnungen (ESVG 1995) ersetzt. Damit strebte man die verbindliche Vereinheitlichung der verschiedenen nationalen Methoden, Konzepte, Klassifikationen, Definitionen und Buchungsregeln zur besseren Vergleichbarkeit zwischen den einzelnen Mitgliedsstaaten der EU an.
[89] Das Statistische Bundesamt veröffentlicht die detaillierten Ergebnisse der Input-Output-Rechnung in seiner Fachserie 18, Reihe 2 (vgl. hierzu Statistisches Bundesamt (2005)).

5.1 Numerische Allgemeine Gleichgewichtsmodelle 79

Eine Input-Output-Tabelle setzt sich aus drei Quadranten zusammen und zeigt, wie sich das gesamte Aufkommen an Gütern aus inländischer Produktion (Produktionswert) und aus Importen zusammensetzt (III. Quadrant). Die Zeilen des I. und II. Quadranten enthalten Informationen darüber, wie diese Güter verwendet werden, wobei zwischen der intermediären Verwendung der einzelnen Produktionsbereiche (Verbrauch von Vorleistungsgütern im primären-, sekundären- und tertiären Bereich) und der letzten Verwendung (Private Konsumausgaben im Inland, Konsumausgaben des Staates, Bruttoinvestitionen, Exporte von Waren und Dienstleistungen) unterschieden wird. Die Spalten des I. und III. Quadranten geben an, welche Inputs bei der Produktion der Güter eingesetzt werden. Hierbei wird zwischen intermediären Inputs (Vorleistungen) und Primärinputs (Wertschöpfungskomponenten) unterschieden. Die Wertschöpfungskomponenten sind sonstige Produktionsabgaben abzüglich sonstige Subventionen, Arbeitnehmerentgelt im Inland sowie Abschreibungen und Nettobetriebsüberschuss[90]. Die Zeilen einer Input-Output-Tabelle können als Markträumungsbedingung interpretiert werden. Darüber hinaus repräsentieren die Spalten einer solchen Tabelle die Nullgewinnbedingungen der Firmen bzw. die Einkommensgleichung der Haushalte. Die Spalte eines Sektors addiert sich genau dann zu Null, wenn der Wert des Outputs dem des Inputs entspricht.[91]

Die »Social Accounting Matrix« (SAM)

Die »Social Accounting« Matrix (SAM) ist ein Basisdatensatz, der per Definition ein Gleichgewicht als Referenzzustand reproduziert. Die SAM wird häufig als Momentaufnahme einer Ökonomie interpretiert, die die wesentlichen ökonomischen Zusammenhänge einer Volkswirtschaft (sei es im Inneren hinsichtlich ihrer Produktions- oder Einkommenstruktur oder in ihren Außenbeziehungen durch ihre Import- und Exportbeziehungen) widerspiegelt[92].

---

90 Die Input-Output-Tabellen werden um Auswertungstabellen ergänzt, die hier aus Gründen der Übersichtlichkeit nicht detailliert dargestellt werden. Dazu gehören insbesondere Input-Koeffizienten und inverse Koeffizienten sowie Tabellen mit Angaben über Erwerbstätige und Arbeitnehmer nach Produktionsbereichen, um Tabellen mit physischen Angaben über Aufkommen und Verwendung von Energie nach Energieträgern und um Konsumverflechtungstabellen mit Angaben über Konsumausgaben privater Haushalte im Inland nach Gütergruppen und Verwendungszwecken.
91 Für die Haushalte ist die Spalte genau dann ausgeglichen, wenn die Endnachfrage genau dem Faktoreinkommen entspricht.
92 Eine detaillierte Einführung sowie die ausführliche Behandlung diverser Einzelaspekte zum Thema Social Accounting Matrix findet sich bei Pyatt und Round (1985).

King (1985) unterscheidet zwei Ziele, die mit der Erstellung einer SAM verfolgt werden. Zunächst steht die sinnvolle Organisation der benötigten Informationen im Vordergrund. Die Struktur der Volkswirtschaft soll hinreichend genau und aussagekräftig durch eine verlässliche Datenbasis abgebildet werden[93]. Darüber hinaus dient die SAM als Ausgangspunkt der Implementierung eines plausiblen Modells. Tabelle 10 verdeutlicht die Interaktionen der handelnden Akteure untereinander sowie die Transformation der Güterströme der Modellökonomie.

		Input Produktion			Letzte Verwendung			
		1	2	.. n	Priv. Konsum	Staatskonsum	Invest.	Export
Inländische Produktion nach Sektoren	1 2 .. n	M_1			M_2			
Außenhandel		M_3			M_4			
Faktoreinsatz: -Arbeit -Kapital		M_5			M_6			
Transfers -Steuern -Subventionen		M_7			M_8			

Tabelle 10: Aufbau einer Social Accounting Matrix[94]

Die Submatrix M_1 bildet die Produktionsstruktur durch eine Zusammenstellung der Produktionsaktivitäten ab[95]. Sie ist das Kernstück der Matrix und wird in den meisten Fällen anhand von Input-Output-Tabellen erstellt. Die Sektoren dieser Ökonomie kombinieren Produktionsfaktoren[96] (M_5) mit Vorprodukten und produzieren so Wertschöpfung, die sie als Faktoreinkom-

---

93 Natürlich ist hierbei ein trade-off zwischen Genauigkeit und Arbeitsaufwand zu berücksichtigen.
94 Quelle: in Anlehnung an Defourny und Thorbecke (1984).
95 In dieser stark vereinfachten SAM sind n Produktionssektoren dargestellt. In realen Modellen kann die Anzahl der modellierten Sektoren leicht einige Dutzend umfassen. Die Anzahl variiert je nach Relevanz des Produktionsbereichs und seiner Verflechtungen.
96 Die hier dargestellte SAM beschränkt sich auf die beiden Produktionsfaktoren Kapital und Arbeit. In realitätsnahen Modellen werden häufig auch mehrere Produktionsfaktoren berücksichtigt. So ist es z.B. üblich, den Faktor Arbeit in mehrere Qualifikationsstufen (etwa von hoch qualifizierten bis zu ungelernten Arbeitskräften) aufzuteilen.

men (M_6) wiederum an die Institutionen, d.h. insbesondere an die Haushalte als Anbieter dieser Faktoren ausschütten. Freilich bleibt es nicht bei dieser primären Einkommensverteilung, die sich aus Angebot und Nachfrage an den Faktormärkten ergibt. Je nach Präferenz der Mehrheitsmeinung wird diese primäre Verteilung der Einkommen auf die Haushalte durch Eingriffe des Staates mittels Transfers (M_8) verändert, hieraus resultiert das Sekundäreinkommen der Haushalte. Natürlich kann der Staat auch direkt in den Produktionsbereich eingreifen, diese Angaben enthält Submatrix (M_7). Schließlich verwenden die Institutionen ihr Einkommen, um die im Unternehmenssektor produzierten Güter nachzufragen. Diese Verwendung ist in Subsektor M_2 dargestellt. Der Export ist hier Teil der letzten Verwendung. Die Submatrizen M_3 und M_4 beinhalten den Konsum von Importen sowie den Verkauf von Exportwaren. Die Importwaren können sowohl als Vorprodukte im Produktionsprozess als auch als Endprodukte verbraucht werden.

Obwohl die einzelnen Elemente einer SAM mit dem Erklärungsgegenstand variieren, können einige verallgemeinerte Aussagen über die Inhalte einer solchen Matrix getroffen werden. Den Kern einer Social Accounting Matrix bildet die Input-Output-Tabelle, in Tabelle 10 sind dies die Werte der Submatrix M_1. Sie beinhaltet zwar ebenfalls Informationen über die Entlohnung der Produktionsfaktoren (vgl. Submatrix M_5). Gleichwohl enthält sie keine Angaben über die Eigentümer dieser Produktionsfaktoren. Eine SAM schließt diese Lücke und ergänzt die Input-Output-Rechnung um Angaben zur Verteilung der Haushaltseinkommen und deren Verwendung, zu den Staatseinnahmen und -ausgaben sowie zur außenwirtschaftlichen Verflechtung[97].

Üblicherweise liegen die Informationen, wie sie die Struktur der SAM fordert, nicht in einheitlicher Form vor. Vielmehr müssen die benötigten Angaben aus verschiedenen nationalen Quellen entnommen und teilweise modifiziert sowie aufeinander abgestimmt werden.

5.2 CGE-Modul in FiFoSiM

Die Simulation der Auswirkungen des Steuerreformvorschlags von Mitschke auf den Arbeitsmarkt und das Bruttoinlandsprodukt erfolgen in FiFoSiM in Form eines Numerischen Allgemeinen Gleichgewichtsmodells in der oben beschriebenen Form. Mithilfe eines solchen totalanalytischen

---

[97] Keuning und Ruijter (1988) merken an, dass sämtliche Angaben der SAM in Abhängigkeit von der sozioökonomischen Struktur eines Landes, der jeweiligen Datenlage sowie des zu untersuchenden Erklärungsgegenstandes erstellt werden müssen und somit stark variieren. Gleichwohl halten auch sie Daten zur Produktionsstruktur sowie zur Einkommensentstehung und -verwendung der Haushaltsgruppen, der Firmen, des Staates sowie zur außenwirtschaftlichen Verflechtung unabhängig vom Untersuchungsgegenstand für unverzichtbar.

CGE-Modells lassen sich die gesamtwirtschaftlichen Auswirkungen wirtschaftspolitischer Maßnahmen quantifizieren. Das CGE-Modul von FiFo-SiM enthält ein Simulationsmodell einer kleinen offenen Volkswirtschaft mit 12 Sektorengruppen und einem repräsentativen Haushalt. Die sektoralen Produktionsfunktionen und die Nutzenfunktion des Haushalts werden auf der Basis empirischer Schätzungen der Produktions- und Substitutionselastizitäten kalibriert.[98] Der Einsatz der Produktionsfaktoren, insbesondere die Verteilung der Beschäftigung und der Produktion über die Sektoren basiert auf Daten der Input-Output-Tabelle 2000 des Statistischen Bundesamtes, die durch das »static aging«-Verfahren auf das Jahr 2006 fortgeschrieben werden.

Im Rahmen des Modells wird zunächst der Status quo abgebildet. Da das Modell sektoral unterschiedliche, aber rigide Löhne beinhaltet, besteht unfreiwillige Arbeitslosigkeit. Der repräsentative Haushalt ist so konstruiert, dass die ihm zur Verfügung stehende potentielle Arbeitszeit zwar angeboten wird, aber durch die Festsetzung einer unteren Lohngrenze nicht vollständig in Erwerbsarbeit umgesetzt werden kann. In der Ausgangssituation ist das Modell so kalibiriert, dass die Arbeitslosenquote bei 11,5% (entsprechend etwa 4,8 Mio. Arbeitslosen) liegt.

Als Reformszenario wird eine Veränderung der Arbeits- und Kapitalkosten betrachtet, die zu Änderungen bei Beschäftigung, Investitionen und Gesamtproduktion führt. Die Variation der Arbeitskosten spiegelt dabei die gesunkene Steuerbelastung durch den Einkommensteuertarif des Mitschke-Vorschlags wider und beruht auf den Ergebnissen des Mikrosimulationsmoduls. Die Arbeitskosten setzen sich dabei sowohl aus den Arbeitnehmer- und Arbeitgeberbeiträgen für die Sozialversicherungen als auch aus der durchschnittlichen Steuerbelastung der Beschäftigten zusammen. Die Quote der Sozialversicherungsbeiträge liegt 2005 und 2006 bei insgesamt 41,9%, als durchschnittliche Steuerbelastung wurde aus dem Mikrosimulationsmodell ein Wert von 14,99% berechnet. In der Einführungsphase des Mitschke-Konzepts sinkt dieser Wert auf 13,59%, in der Endphase auf 11,93%. Die Kapitalkosten sinken von empirisch ermittelten Werten auf das Niveau der Normalverzinsung. Das reflektiert die Investitionsneutralität der Ausschüttungsbesteuerung, die Mitschke in seinem Reformkonzept vorsieht.

---

98 Die sektorspezifischen Armington-Elastizitäten sind Schätzungen von Welsch (2001) entnommen, die Substitutionselastizität zwischen Kapital und Arbeit wird nach Chirinko et al. (2004) mit 0,39 angenommen. Für den Haushalt gelten im Folgenden Elastizitäten von 0,8 für die Konsum-Freizeit-Entscheidung und 0,8 für die Konsum-Spar-Entscheidung (vgl. Auerbach und Kotlikoff (1987) und Schmidt und Straubhaar (1996)).

6. Ergebnisse

In diesem Kapitel werden die Ergebnisse der mit FiFoSiM durchgeführten Simulationsrechnungen der Auswirkungen einer Neuordnung des Ertragsteuersystems nach dem Vorschlag von Joachim Mitschke auf das Steueraufkommen, die Beschäftigung und das Wirtschaftswachstum präsentiert.

6.1 Steueraufkommenswirkungen

Zur Untersuchung der Aufkommenseffekte werden in FiFoSiM zwei parallele Mikrosimulationen durchgeführt, eine Variante auf Basis der FAST-Einkommensteuerstatistik-Daten, die andere basierend auf den SOEP-Daten. Diese doppelte Datengrundlage hat den Vorteil, dass fehlende Angaben bei einer Quelle durch in der anderen vorhandene Merkmale ergänzt werden können. Wenn Werte in der einen Berechnungsvariante fehlen, können sie in vielen Fällen aus der anderen Datenquelle durch Regressionsschätzungen imputiert werden.[99]

Die zweite Methode, die im Rahmen dieser Berechnungen mehrfach zur Anwendung kommt, ist die rechnerische Isolation der Auswirkungen einer bestimmten Regelung aus der Datengrundlage mit entsprechenden Angaben und die Berücksichtigung des auf diese Weise ermittelten Gesamteffektes bei der Berechnung auf Grundlage der anderen Datengrundlage ohne die entsprechenden Angaben.[100]

Trotz der Imputation fehlender Daten bleiben Unterschiede in den Ergebnissen bestehen. Diese sind darauf zurückzuführen, dass verschiedene Fälle der Grundgesamtheit in der einen Stichprobe besser oder schlechter repräsentiert sind als in der anderen. Nicht zuletzt ist zu beachten, dass die FAST-Stichprobe annähernd 3 Millionen Fälle umfasst, das SOEP dagegen nur 26.000. Nach Hochrechnung auf die Grundgesamtheit repräsentiert das

---

[99] Aus den SOEP-Daten werden die Pflegekosten in das FAST-Modell imputiert, aus FAST-Regressionen werden Werbungskosten, Steuerberatungskosten und Spenden in das SOEP-Modell integriert.

[100] Aus der Simulation im SOEP wurde im FAST-Modell für die geänderte Besteuerung der Renteneinkünfte ein Gesamteffekt von + 9,5 Mrd. € in der Endphase bzw. + 8,4 Mrd. € in der Einführungsphase angesetzt, für die Besteuerung selbst genutzten Wohneigentums ein Gesamtaufkommenseffekt von + 7,1 Mrd. €. Im SOEP werden Verlustabzug (− 18,3 Mio. €), Steuersonderberechnung und Progressionsvorbehalt (+ 2,1 Mrd. €) sowie Hinzurechnungen und Abzüge (− 1,2 Mrd. €) jeweils im aus den FAST-Daten ermittelten Gesamteffekt berücksichtigt. Die geänderte Unternehmensbesteuerung bei Mitschke geht mit einem Aufkommenseffekt von − 3,5 Mrd. € in die Simulationsrechnungen ein.

SOEP allerdings etwa 36,7 Mio. Haushalte, FAST dagegen lediglich 28,7 Mio. steuerpflichtige Haushalte. Dieser Unterschied ist zum Großteil darauf zurückzuführen, dass Bezieher niedriger Einkommen keine Einkommensteuer zahlen müssen, wenn ihr zu versteuerndes Einkommen unter dem Grundfreibetrag liegt, und damit auch nicht als Steuerpflichtige in der Lohn- und Einkommensteuerstatistik auftauchen.

Zudem ist zu berücksichtigen, dass es sich bei den Angaben aus der Einkommensteuerstatistik um amtliche Daten handelt, während die Angaben im SOEP aus Befragungen stammen. Das erklärt, warum es zum Teil deutliche Abweichungen in einzelnen Bruttolohnklassen gibt.[101] Zugleich deutet dieser Umstand darauf hin, dass ein exaktes Übereinstimmen der Ergebnisse aus den beiden Berechnungsvarianten eher dem Zufall als scheinbarer Genauigkeit zuzuschreiben wären. Aus diesem Grund soll hier (im Gegensatz zu anderen Studien) nicht der Versuch unternommen werden, Referenzzahlen in der Nachkommastelle zu erreichen, sondern vielmehr sollen gerade durch spezifische interpretationsfähige Unterschiede in den Ergebnissen zusätzliche Erkenntnisse gewonnen werden.

	FAST	SOEP
Eichel 2006	181,16	180,69
Einführungsphase	179,15	179,08
Endphase	168,12	166,89

Tabelle 11: Aufkommenswirkungen ohne Anpassungsreaktionen in Mrd. €

Die Ergebnisse zeigen, dass das Mitschke-Konzept in der Einführungsphase nahezu das Aufkommen des geltenden Steuersystems erzielen würde, wenn es statt des Eichel-Tarifs in 2006 zur Anwendung käme und Kasseneffekte aus der zeitlichen Verschiebung von Steuereinnahmen außer Acht gelassen werden. Dagegen entsteht beim Konzept für die Endphase auch langfristig ein deutlicher Aufkommensverlust von ca. 13 Mrd. € bzw. 13,8 Mrd. € nach der Schätzung aufgrund der SOEP-Daten[102]. Unter der Berücksichtigung

---

101 Vgl. Bork (2000), S. 101-104.
102 An dieser Stelle sei noch einmal auf die bereits oben erwähnten Unterschiede in den beiden Datengrundlagen hingewiesen, die zu Abweichungen in den Aufkommensrechnungen führen. Ein Grund für die stärkere Abweichung der SOEP- von den FAST-Daten in der Endphase sind u.a. die Einkünfte aus Vermietung und Verpachtung, die im SOEP in der Summe positiv, bei FAST jedoch negativ sind. In der Endphase werden diese Einkünfte jeweils auf Null gesetzt, was zu einem gegenläufigen Effekt auf die jeweiligen Bemessungsgrundlagen und damit auch auf das Steueraufkommen führt.

6.1 Steueraufkommenswirkungen

von Verhaltensanpassungen fallen die Aufkommensverluste geringer aus. Dies wird im nächsten Abschnitt dargestellt.

6.2 Arbeitsangebotseffekte

Die Arbeitsangebotseffekte der Mitschke-Einführungsphase für Deutschland sind in Tabelle 12 dargestellt[103].

Einführungsphase	PaarM	PaarF	SingleM	SingleF	Summe
neues Arbeitsangebot	59.614	-8.148	52.654	7.746	111.866
gesamter Stundeneffekt	2.679.577	992.224	2.046.623	904.312	6.622.736
Partizipationseffekt	2.498.079	102.526	2.170.021	-592.106	4.178.520
Arbeitszeiteffekt	181.499	889.699	-123.399	1.496.417	2.444.216
Vollzeitäquivalente	62.452	2.771	54.251	-16.003	103.471

Tabelle 12: Arbeitsangebotseffekte Einführungsphase

Der Gesamteffekt wird auf 111.000 Personen bzw. 6,6 Mio. Stunden zusätzliches Arbeitsangebot geschätzt. Die zusätzlich partizipierenden Personen sind ausschließlich Männer, während insgesamt sogar weniger Frauen am Arbeitsmarkt partizipieren. Durch Anwendung der Methode von McDonald und Moffitt (1980) wird der Gesamteffekt der zusätzlichen Arbeitsstunden in einen Arbeitszeiteffekt der Beschäftigten und einen Partizipationseffekt zerlegt. Der erste beschreibt die zusätzliche Arbeitszeit bisher bereits beschäftigter Personen, während der zweite die (neue) Arbeitszeit bisher nicht beschäftigter Personen angibt. Letzterer ist hier deutlich größer, denn ungefähr zwei Drittel der zusätzlichen Stunden sind durch Personen, die bisher nicht am Arbeitsgeschehen teilgenommen haben, zu erklären. Die letzte Spalte der Tabelle 12 zeigt die zusätzlichen Vollzeitstellen, die sich aufgrund der Reform ergeben würden, wenn alle neuen Arbeitsanbieter Vollzeit arbeiten würden. Berechnet wird dieses Äquivalent an Vollzeitstellen, indem die zusätzlichen Stunden aufgrund des Partizipationseffekts durch die jeweilige wöchentliche Durchschnittsarbeitszeit geteilt werden. Wir berechnen rund 100.000 zusätzliche Vollzeitstellen aufgrund der Reform in der Einführungsphase. Unter Berücksichtigung der Anpassungsreaktionen

---
103 Bei der Interpretation der Arbeitsangebotseffekte ist zu beachten, dass diese ausschließlich aus einer Erhöhung der Arbeitsanreize durch die Steuerreform resultieren. In diesem Modul wird von kompetitiven Arbeitsmärkten ausgegangen, d.h. es wird von Rigiditäten auf Seiten der Arbeitsnachfrage abstrahiert.

steigt das Steueraufkommen um 2,0 Mrd. € und liegt damit knapp über dem Referenzwert für 2006 im geltenden Recht.

Endphase	PaarM	PaarF	SingleM	SingleF	Summe
neues Arbeitsangebot	89.133	73.579	92.857	21.609	277.178
gesamter Stundeneffekt	4.549.075	6.649.280	4.168.037	5.820.164	21.186.556
Partizipationseffekt	3.743.799	2.281.956	3.848.976	-10.529	9.864.202
Arbeitszeiteffekt	805.276	4.367.323	319.061	5.830.693	11.322.353
Vollzeitäquivalente	93.595	61.674	96.224	-285	251.208

Tabelle 13: Arbeitsangebotseffekte Endphase

Die Arbeitsangebotseffekte der Mitschke-Endphase werden in Tabelle 13 skizziert. Die Arbeitsangebotswirkungen für die Endphase sind höher als in der Einführungsphase. Der Gesamteffekt beträgt 277.000 Personen bzw. 21,2 Mio. Stunden. In der Endphase ist der Arbeitszeiteffekt größer als der Partizipationseffekt. Als Resultat erhalten wir 251.000 neue Vollzeitstellen. Der Aufkommensverlust in der Endphase reduziert sich aufgrund dieser Verhaltensanpassungen um 4,2 Mrd. €. Im Vergleich zum Referenzaufkommen entsteht somit unter Berücksichtigung der Arbeitsangebotsreaktionen lediglich eine Finanzierungslücke in Höhe von 9,6 Mrd.[104] €.

Die hier betrachteten Arbeitsangebotsreaktionen beruhen jedoch auf der Prämisse, dass keine unfreiwillige Arbeitslosigkeit besteht. Da dies fragwürdig erscheint, werden die gesamten Beschäftigungswirkungen im folgenden Abschnitt in einem anderen Modellrahmen untersucht, der unfreiwillige Arbeitslosigkeit beinhaltet.

6.3 Beschäftigungs- und Wachstumswirkungen

Sowohl in der Einführungs- als auch in der Endphase ergeben sich positive Beschäftigungs- und Wachstumseffekte. Diese Wirkungen resultieren aus der steuerlichen Entlastung der Investitionen und der Einkünfte aus abhängiger Beschäftigung im Mitschke-Konzept. Aus Tabelle 14 gehen die isolierten Wirkungen einer Kapitalkostensenkung (Zeile 2), einer Arbeitskostensenkung gemäß Mitschke-Einführungsphase (Zeile 3) bzw. -Endphase (Zeile 4) im Vergleich zur Ausgangssituation (Benchmark, Zeile 1) hervor.

---

104 Da die Simulation der Arbeitsangebotsreaktionen nur auf Basis der SOEP-Daten möglich ist, können die Aufkommenswirkungen unter Berücksichtigung von Arbeitsangebotseffekten auch nur auf dieser Datengrundlage ermittelt werden.

6.4 Zusammenfassung der Ergebnisse

	Arbeit	Kapital	AL-quote	AL in Mio.	zus. Stellen	BIP-Wa.
1	Benchmark	Benchmark	11,5	4,772		
2	Benchmark	Normalzins	10,9	4,523	248.974	0,5%
3	Mitschke 1	Benchmark	11,2	4,648	124.487	0,5%
4	Mitschke 2	Benchmark	10,8	4.482	290.470	0,8%
5	Mitschke 1	Normalzins	10,6	4,399	373.461	1,1%
6	Mitschke 2	Normalzins	10,2	4,233	539.443	1,7%

Tabelle 14: Ergebnisse der CGE-Simulation

Insgesamt ergibt sich für die Einführungsphase des Mitschke-Konzepts (Zeile 5) im Vergleich zum Status Quo ein Beschäftigungszuwachs in Höhe von rund 370.000 Arbeitsplätzen. Das Bruttoinlandsprodukt steigt um 1,1%. Für die Endphase (Zeile 6) ergibt sich ein Zuwachs der Beschäftigung um rund 540.000 Arbeitsplätze und ein BIP-Zuwachs um 1,7%.

Bei der Interpretation dieser Resultate sollte beachtet werden, dass sie in einem Modell berechnet werden, das, wie jedes Modell, auf vereinfachende Annahmen angewiesen ist. Diese Annahmen reichen von der Prämisse gegebener Weltmarktpreise über die vereinfachte sektorale Struktur der Volkswirtschaft bis hin zur Vernachlässigung von Kapitalmarktunvollkommenheiten und monetären Einflussfaktoren wie etwa der Wechselkursentwicklung. Außerdem beruht das Modell auf der Prämisse, dass die Arbeitsmärkte in Deutschland maßgeblich durch Lohnrigiditäten und unfreiwillige Arbeitslosigkeit charakterisiert sind. Es spricht viel dafür, dass diese Charakterisierung für einen erheblichen Teil der Arbeitsmärkte in Deutschland zutreffend ist, allerdings besteht kein Zweifel daran, dass es auch Arbeitsmarktsegmente gibt, in denen keine Lohnrigiditäten vorliegen oder mangelnde Arbeitsangebotsanreize für die Arbeitslosigkeit verantwortlich sind. Daher sollten die hier beschriebenen Beschäftigungs- und Wachstumseffekte nicht als Punktprognosen aufgefasst werden, sondern als eine Information über zu erwartende Größenordnungen.

6.4 Zusammenfassung der Ergebnisse

Das vorliegende Gutachten untersucht die Auswirkungen einer Neuordnung des Ertragsteuersystems nach dem Vorschlag von Joachim Mitschke auf das Steueraufkommen, die Beschäftigung und das Wirtschaftswachstum. Grundlage der Analyse ist das Steuer-Transfer-Simulationsmodell des Finanzwissenschaftlichen Forschungsinstituts an der Universität zu Köln (FiFoSiM). Der Steuerreformvorschlag von Joachim Mitschke unterscheidet zwischen einer Einführungsphase und einer Endphase. Für beide Phasen werden die langfristigen Aufkommens-, Beschäftigungs- und Wachstumswirkungen analysiert. Die Aufkommenswirkungen werden zunächst unter der Annahme untersucht, dass es keine Anpassungsreaktionen der Wirtschaftssubjekte gibt. In einem zweiten Schritt werden diese Anpassungsreaktionen, vor allem die Auswirkungen auf Beschäftigung und Gesamtproduktion simuliert. Tabelle 15 enthält eine Zusammenfassung der wichtigsten Ergebnisse für Einführungs- und Endphase im Vergleich zum Status quo.

	Einführungsphase	*Endphase*
Aufkommen	– 2 Mrd. €	– 13 Mrd. €
Arbeitsangebot	+ 103.000	+ 251.000
Beschäftigung	+ 370.000	540.000
BIP-Wachstum	+ 1,1%	+ 1,7%

Tabelle 15: Ergebnisüberblick

Der Übergang vom bestehenden Steuersystem zur Neuordnung in der Variante der Einführungsphase würde zu Steuerausfällen in Höhe von 2 Mrd. € führen, wäre also annähernd aufkommensneutral[105]. Die Steuerreform würde in der Einführungsphase durch gesteigerte Arbeitsanreize das Arbeitsangebot um 103.000 Vollzeitstellen erhöhen, die Beschäftigung würde um 370.000 Arbeitsplätze steigen und es ist mit einer Erhöhung des Bruttosozialprodukts um 1,1% zu rechnen.

Beim Übergang zur Endphase würde gegenüber dem bestehenden Steuersystem ein Steueraufkommensverlust von 13 Mrd. € auftreten. In der Endphase würde sich das Arbeitsangebot um 251.000 Vollzeitstellen erhöhen und es ergäbe sich ein Anstieg der Beschäftigung um 540.000 Arbeitsplätze. Das Bruttosozialprodukt würde um 1,7 % ansteigen.

Bei der Interpretation der Ergebnisse ist zu beachten, dass sie in einem Modell unter der Verwendung vereinfachender Annahmen berechnet werden. Weiterhin ist zu berücksichtigen, dass Prognosen der Zukunft auf Basis von Vergangenheitsdaten immer mit Unsicherheit behaftet sind. Daher sollten die hier beschriebenen Effekte des Steuerreformvorschlags nicht als

---

[105] Hierbei ist zu beachten, dass sich die von uns berechneten Ergebnisse auf die veranlagte Einkommensteuer und nicht auf die unmittelbare Kassenwirkung beziehen.

Punktprognosen sondern als Hinweise aus zu erwartende Größenordnungen aufgefasst werden.

Literaturverzeichnis

Armington, P. (1969): A Theory of Demand for Products distinguished by Place of Production. *IMF Staff Papers*, 16, 159-176.

Auerbach, A. und L. Kotlikoff (1987): *Dynamic Fiscal Policy*, Cambridge, Cambridge University Press.

Bach, S. und E. Schulz (2003): Fortschreibungs- und Hochrechnungsrahmen für ein Einkommensteuer-Simulationsmodell. Projektbericht 1 zur Forschungskooperation Mikrosimulation mit dem Bundesministerium der Finanzen. *Materialien des DIW Berlin, Nr. 26.*

Becker, J. und C. Fuest (2005a): Does Germany collect revenue from taxing the normal return to capital? *Fiscal Studies*, 26, 491-511.

Becker, J. und C. Fuest (2005b): Wie viel Aufkommen kostet die Einführung eines Konsumsteuersystems? Weniger als 1 Prozent des BIP. *ifo-Schnelldienst*, 3, 23-25.

Blundell, R. und T. MaCurdy (1999): Labor Supply: A Review of Alternative Approaches. In: O. Ashenfelter und D. Card (Hrsg.) *Handbook of Labor Economics, Vol. 3A.* Elsevier.

Böhringer, C. (1996): Allgemeine Gleichgewichtsmodelle als Instrument der energie- und umweltpolitischen Analyse. Theoretische Grundlagen und empirische Anwendung. Frankfurt.

Böhringer, C., T. F. Rutherford und W. Wiegard (2003): Computable General Equilibrium Analysis: Opening a Black Box. *ZEW Discussion Paper No. 03-56.*

Böhringer, C. und W. Wiegard (2003): Methoden der angewandten Wirtschaftsforschung: Eine Einführung in die numerische Gleichgewichtsanalyse. *ZEW Discussion Paper No. 03-02.*

Bork, C. (2000): *Steuern, Transfers und private Haushalte. Eine mikroanalytische Simulationsstudie der Aufkommens- und Verteilungswirkungen*, Frankfurt am Main, Peter Lang.

Brooke, A., D. Kendrick, A. Meeraus und R. Raman (1998): GAMS – A Users Guide.

Bundesministerium der Finanzen (2005): Finanzbericht 2005. *Bundesanzeiger.*

Chirinko, R. S., S. M. Fazzari und A. P. Meyer (2004): That Elusive Elasticity: A Long-Panel Approach to Estimating the Capital-Labor Substitution Elasticity. *CESifo-Working Paper No. 1240.*

Christensen, L., D. Jorgenson und L. Lau (1971): Conjugate Duality and the Transcedental Logarithmic Function. *Econometrica*, 39, 255-256.

Creedy, J., A. Duncan, M. Harris und R. Scutella (2002): Microsimulation Modelling of Taxation and the Labour Market: the Melbourne Institute Tax and Transfer Simulator. Cheltenham.

Defourny, J. und E. Thorbecke (1984): Structural Path Analysis and Multiplier Decomposition within a Social Accounting Matrix Framework. *Economic Journal*, 94, 111-136.

Eckey, H.-F., R. Kosfeld und C. Dreger (2001): *Ökonometrie – Grundlagen, Methoden, Beispiele*, Wiesbaden, Gabler.

Fehr, H. und W. Wiegard (1996): Numerische Gleichgewichtsmodelle: Grundstruktur, Anwendungen und Erkenntnisgehalt. *Jahrbuch 13: Experimente in der ökonomie.* Frankfurt, *ökonomie und Gesellschaft.*

Felderer, B. und S. Homburg (2003): *Makroökonomik und neue Makroökonomik,* Berlin, Springer.

Franz, W. (2003): *Arbeitsmarktökonomik,* Berlin, Springer.

Fuest, C. (2000): Steuerpolitik und Arbeitslosigkeit. Tübingen.

Galler, H. und N. Ott (1994): Das dynamische Mikrosimulationsmodell des Sonderforschungsbereichs 3. In: R. Hauser, N. Ott und G. Wagner (Hrsg.) *Mikroanalytische Grundlagen der Gesellschaftspolitik: Ergebnisse des gleichnamigen Sonderforschungsbereichs, Deutsche Forschungsgemeinschaft, Band 2, Erhebungsverfahren, Analysemethoden und Mikrosimulation.* Berlin, *Akademie Verlag.*

Greene, W. (2003): *Econometric Analysis,* New Jersey, Prentice Hall.

Haan, P. (2004): Discrete Choice Labor Supply: Conditional Logit vs. Random Coefficient Models. *DIW Discussion Paper,* No. 394.

Haisken De-New, J. und J. Frick (2003): DTC – Desktop Compendium to The German Socio- Economic Panel Study (GSOEP).

Harris, R. G. (1988): Alternative Solution Methods in Applied General Equilibrium Analysis. *OECD Working Papers No. 53.*

Hausman, J. (1985): Taxes and Labor Supply. In: A. Auerbach und M. Feldstein (Hrsg.) *Handbook of Public Economics.* Amsterdam, *North-Holland.*

Heckman, J. (1976): The Common Structure of Statistical Models of Truncation, Sample Selection and Limited Dependent Variables and a Simple Estimator for Such Models. *Annals of Economic and Social Measurement,* 5, 475-492.

Heckman, J. (1979): Sample Selection Bias as a Specification Error. *Econometrica,* 47, 153-161.

Heckscher, E. (1919): The Effect of Foreign Trade on the Distribution of Income. *Ekonomisk Tidskrift,* 497-512.

Jorgenson, D. (1984): Econometric Methods for Applied General Equilibrium Analysis. In: H. Scarf und J. B. Shoven (Hrsg.) *Applied General Equilibrium Analysis.* New York, Cambridge University Press.

Keuning, S. und W. Ruijter (1988): Guidelines to the Construction of a Social Accounting Matrix. *Review of Income and Wealth,* 34, 71-100.

King, B. (1985): What is a SAM? In: G. Pyatt und R. J. I (Hrsg.) *Social Accounting Matrices – A Basis for Planning.*

Klepper, G., J. O. Lorz, F. Stähler, R. Thiele und M. Wiebelt (1994): Empirische allgemeine Gleichgewichtsmodelle – Struktur und Anwendungsmöglichkeiten. *Jahrbücher für Nationalökonomie und Statistik,* 213, 513-544.

Krugman, P. R. und M. Obstfeld (1997): *International Economics – Theory and Policy,* New York, Addison-Wesley.

MaCurdy, T., D. Green und H. Paarsch (1990): Assessing Empirical Approaches for Analyzing Taxes and Labor Supply. *Journal of Human Resources,* 25(3), 415-490.

Mansur, A. (1980): On the Estimation of General Equilibrium Models. *University of Western Ontario.*

Mansur, A. und J. Whalley (1984): Numerical Specification of Applied General Equilibrium Models: Estimation, Calibration and Data. In: H. Scarf und J. B. Shoven (Hrsg.) *Applied General Equilibrium Analysis.* New York, *Cambridge University Press.*

Literaturverzeichnis

McDonald, J. und R. Moffitt (1980): The Use of Tobit Analysis. *Review of Economics and Statistics,* 62, 318-321.

McFadden, D. (1973): Conditional Logit Analysis of Qualitative Choice Behaviour. In: P. Zarembka (Ed.) *Frontiers in Econometrics.* New York.

McFadden, D. (1981): Econometric Models of Probabilistic Choice. In: C. Manski und D. McFadden (Hrsg.) *Structural Analysis of Discrete Data and Econometric Applications.* Cambridge, *The MIT Press.*

McFadden, D. (1985): Econometric Analysis of Qualitative Response Models. In: Z. Griliches und M. Intrilligator (Hrsg.) *Handbook of Econometrics.* Amsterdam, *Elsevier.*

Meade Committee (1978): *The Structure and Reform of Direct Taxation,* Boston, Allen and Unwin.

Merz, J., H. Stolze und S. Imme (2001): ADJUST FOR WINDOWS – A Program Package to Adjust Microdata by the Minimum Information Loss Principle. *FFB-Dokumentation No. 9, Department of Economics and Social Sciences, University of Lüneburg, Lüneburg.*

Merz, J. und M. Zwick (2004): Hohe Einkommen – Eine Verteilungsanalyse für Freie Berufe, Unternehmer und abhängig Beschäftigte. In: J. Merz und M. Zwick (Hrsg.) *MIKAS – Mikroanalysen und amtliche Statistik. Statistik und Wissenschaft, Band 1.* Wiesbaden, *Statistisches Bundesamt.*

Mitschke, J. (2004): *Erneuerung des deutschen Einkommensteuerrechts: Gesetzestextentwurf und Begründung,* Köln, Verlag Otto Schmidt.

Ohlin, B. (1933): *Interregional and International Trade,* Cambridge, Mass., Harvard University Press.

Peichl, A. (2005): Die Evaluation von Steuerreformen durch Simulationsmodelle. *Finanzwissenschaftliche Diskussionsbeiträge Nr. 05-01, Universität Köln.*

Pyatt, G. und J. Round (1985): *Social Accounting Matrices. A Basis for Planning,* Washington D.C., The World Bank.

Quinke, H. (2001): Erneuerung der Stichprobe des ESt-Modells des Bundesministeriums der Finanzen auf Basis der Lohn- und Einkommensteuerstatistik 1995. *GMD – Forschungszentrum Informationstechnik GmbH, Technical Report.*

Rässler, S. (2000): Ergänzung fehlender Daten in Umfragen. *Jahrbücher für Nationalökonomie und Statistik,* 220 (1), 64-94.

Robinson, J. (1962): *Essays in the Theory of Economic Growth,* London, Macmillan.

Ronning, G. (1991): *Mikroökonometrie,* Berlin, Springer-Verlag.

Rutherford, T. F. (1999): Applied General Equilibrium Modeling with MPSGE as a GAMS Subsystem: An Overview of the Modeling Framework and Syntax. *Computational Economics,* 14, 1-46.

Schmidt, C. und T. Straubhaar (1996): Bevölkerungsentwicklung und Wirtschaftswachstum – Eine Simulationsanalyse für die Schweiz. *Schweizerische Zeitschrift für Volkswirtschaft und Statistik,* 132, 395-414.

Shoven, J. und J. Whalley (1984): Applied General Equilibrium Models of Taxation and International Trade: An Introduction and Survey. *Journal of Economic Literature,* 22, 1007-1051.

Shoven, J. und J. Whalley (1992): *Applying General Equilibrium,* Cambridge, Cambridge University Press.

Spahn, P., H. Galler, H. Kaiser, T. Kassella und J. Merz (1992): *Mikrosimulation in der Steuerpolitik,* Heidelberg, Physica.

Statistisches Bundesamt (2005): Volkswirtschaftliche Gesamtrechnungen: Input-Output-Rechnung, Fachserie 18, Reihe 2.

Steiner, V. und K. Wrohlich (2004): Household Taxation, Income Splitting and Labor Supply Incentives – A Microsimulation Study for Germany. *CESifo Economic Studies,* 50, 541-568.

Tait, A. A. (1989): Not So General Equilibrium and Not So Optimal Taxation. *Public Finance,* 44, 169-82.

Train, K. (2003): *Discrete Choice Models Using Simulation,* Cambridge, Cambridge University Press.

Van Soest, A. (1995): Structural Models of Family Labor Supply: A Discrete Choice Approach. *Journal of Human Resources,* 30, 63-88.

Van Soest, A. und M. Das (2001): Family Labor Supply and Proposed Tax Reforms in the Netherlands. *De Economist,* 149(2), 191-218.

Van Soest, A., M. Das und X. Gong (2002): A Structural Labour Supply Model with flexible Preferences. *Journal of Econometrics,* 107, 345 – 374.

Van Soest, A. und R. Euwals (1999): Desired and Actual Labour Supply of unmarried Men and Women in the Netherlands. *Labour Economics,* 6, 95-118.

Varian, H. (1994): Mikroökonomie. München.

Vorgrimler, D. und M. Zwick (2004): Faktische Anonymisierung der Steuerstatistik.

Welsch, H. (2001): Armington Elasticities and Product Diversity in the European Community: A Comparative Assessment of Four Countries. *Working Paper, University of Oldenburg.*